Gute Noten in

DEUTSCH

Klasse 7

Antje Kelle

ullmann medien

Zeichnungen: Sabine Völkers, Berlin
Layout: Cordula Schaaf, München
Umschlagabbildung: wavebreakmedia/shutterstock
Umschlaggestaltung: Stefanie Brüssel, Potsdam

www.ullmannmedien.com

Gesamtherstellung: Ullmann Medien GmbH, Potsdam

ISBN 978-3-7415-0442-6

Inhalt

7 Rechtschreibung beherrschen

8 Grammatik durchschauen

9 Satzzeichen richtig setzen

Lösungen

★ Dieses Sternchen markiert Übungen und Regeln, die etwas anspruchsvoller sind oder nicht überall verlangt werden. Wenn du ganz sicher bist, dass du sie nicht brauchst, kannst du sie überspringen. Ansonsten gilt: Stell dich der Herausforderung!

Harz: Historische Altstadt von Goslar

1

Das Lernen lernen

„Arbeit macht Spaß. Fangt ihr schon mal an."
Lernen ist Arbeit, klar. Es gibt Arbeit, die man ungern ausführt, die schlechte Laune und Stress hervorruft und die nie enden will. Es gibt aber auch Arbeit, die man kaum als solche wahrnimmt. Sie geht einem leicht von der Hand, und wenn man sie erfolgreich abgeschlossen hat, ist man zufrieden. Ziel dieses Buches ist es, das Arbeiten in der Schule und vor allem im Deutschunterricht zu einem solchen erfolgreichen Arbeiten zu machen. Vielleicht gelingt es dir ja, am Ende zu sagen: „Lernen kann Spaß machen."

1.1. Nachdenken

Alles klar?! **Ursachenforschung betreiben**

Falls du mit deinen Leistungen im Fach Deutsch nicht zufrieden bist: Kennst du den Grund dafür?

- Wenn du eine Sache ändern möchtest, musst du zuerst herausfinden, an welcher Stelle das Problem liegt. Dann kannst du das Problem lösen.
- Für das erfolgreiche Arbeiten in der Schule heißt das: Am besten stellst du dich einmal in Gedanken neben dich und betreibst Ursachenforschung.

Übung 1 **Suche dir einen Platz, an dem du ungestört bist, und lies dir in Ruhe die folgenden Fragen durch. Im Gegensatz zu allen anderen Kapiteln dieses Buches musst du hier nicht schreiben oder ankreuzen. Deine Antworten gehen nur dich selbst etwas an.**

1. Gehe ich nur zur Schule, weil andere es wollen, oder gehe ich auch zur Schule, weil ich es selbst möchte?

   Was du selbst willst, gelingt dir besser.

2. Habe ich genug Zeit für die Hausaufgaben oder ist mir anderes wichtiger?

   Nimm die Schule ernst, aber nicht zu ernst.

3. Traue ich mir einen erfolgreichen Schulabschluss zu oder zweifle ich an meinen Fähigkeiten?

   Glaube an dich selbst! In dir steckt mehr, als du denkst!

Alles klar?! **Wissbegierig sein**

Nun bist du schon ein Stück weiter und weißt, an welcher Stelle du etwas ändern könntest. Beschäftige dich aber noch mit folgenden Fragen:

- Wie neugierig bin ich?
- Wie interessant finde ich die Welt?
- Wie viel möchte ich von ihr erfahren: ein bisschen – viel – sehr viel?

Übung 2 **Du brauchst eine bestimmte Grundhaltung, um eine Tätigkeit erfolgreich abzuschließen. Finde das Fremdwort, das dieser Grundhaltung einen Namen gibt, indem du die Buchstaben zu einem sinnvollen Wort ordnest.**

I N I T O V M A T O

....

Alles klar?! **Initiative ergreifen**

Es gibt noch einen dritten Bereich, in dem du dich selbst prüfen kannst:

- Höre ich im Unterricht immer nur zu oder melde ich mich selbst oft freiwillig zu Wort?
- Warte ich immer darauf, dass mir ein anderer sagt, was ich tun soll, oder ergreife ich selbst oft die Initiative?

Bist du neugierig?

Dieses Übungsbuch verbindet die Sachthemen aus dem Deutschunterricht mit einer kleinen Reise durch Deutschland und macht dabei an neun Stationen halt:
Harz – München – Mecklenburg-Vorpommern – Bonn – Leipzig – Weimar – Hamburg – Berlin – Nürnberg.
Besorge dir einen Atlas und schlage eine Deutschlandkarte auf.
Bestimme selbst, wo du blätterst und wo du „hängen bleibst".
Was hältst du davon, wenn du diese Interessen ausbaust, indem du dir weitere Informationen aus Büchern oder aus dem Internet beschaffst? Vielleicht ist dies sogar der Beginn einer kleinen Reise, die du eines Tages mit deinen Eltern oder deinen Freunden unternimmst. Du könntest dann ja für sie ein „Reiseführer" werden, der sich auskennt.

Lösungen Seite 96

1.2 Aufschreiben

Alles klar?! **Lernbausteine**

1. **Sammeln:** Beginne deine Aufgaben mit einem Schmierzettel (= Notizblatt, Konzept, Ideenspeicher). Wenn du aufschreibst, was du gerade gedacht hast, bleibt es anwesend. Du hast es vor Augen und kannst kreativ mit den Gedanken umgehen. Du kannst etwas hervorheben, durchstreichen oder Zusammengehöriges kennzeichnen (Cluster bilden). Dein Schmierzettel darf ruhig ein richtiger „Schmier"-Zettel sein, eine Reinschrift folgt später.
2. **Ordnen:** Prüfe dann deine Ideen und ordne sie.
3. **Ausführen:** Fertige aus deinen Stichpunkten den gewünschten Text.
4. **Überarbeiten:** Nimm notwendige Korrekturen vor.
5. **Begutachten:** Beurteile am Ende die Qualität des Ergebnisses. Ein kleines Erfolgserlebnis tut immer gut!

Übung 1 **Im Harz kann man viel erleben. Ein Lehrer, der eine Klassenfahrt in den Harz plant, hat versehentlich seinen Schmierzettel zerrissen. Nun muss er die einzelnen Stichworte neu ordnen:**

Welt unter der Erde	grandiose Ausblicke	nachgebaute Orte und Landschaften
Original-geräusche	bunte Gesteins-schichten	originalgetreue Minizüge
Sessellift	eine Welt im Kleinen	Kabinenbahn
neue Perspektiven	schmale Gänge	Fledermäuse
glitzernde Kristalle	faszinierendes technisches Zusammenspiel	eine Welt von oben

Lösungen Seite 96

Ordne die Stichworte folgenden Erlebnisbereichen zu.

Modelleisenbahn-Zentrum (in Lautenthal)

Tropfsteinhöhlen (z. B. in Iberg und Rübeland)

Seilbahnfahrten (z. B. in Thale)

Lösungen Seite 96

Alles klar?! **Ordnung und Übersicht**

Oft musst du im Unterricht oder zu Hause „mal schnell“ etwas notieren. Ohne sinnvolle Arbeitstechniken kannst du aber nach einiger Zeit nichts mehr damit anfangen.

Notizen und Texte

- brauchen ein DIN-A4-Blatt, damit die eigenen Arbeitsunterlagen dasselbe Format haben wie die Kopien aus dem Unterricht.
- brauchen eine Überschrift, damit du auch nach einigen Tagen schnell erkennst, um welchen Text es sich handelt.
- brauchen einen Rand, damit ein wenig Platz ist, wenn du später noch etwas ergänzen möchtest.

Übung 2 **Suche für den folgenden Text eine geeignete Überschrift und setze sie darüber. Sie kann sehr schlicht sein.**

Der Harz bietet viele Gelegenheiten, sportlich aktiv zu sein.
Zum einen gibt es Abenteuerspielplätze, an denen man seinen Mut, seine Geschicklichkeit und seine Kraft erproben kann, beispielsweise im Hochseilpark in Bad Harzburg.
Das Klettern ist aber nur etwas für Leute mit starken Nerven.
Zum anderen gibt es etwas für Leute, die einfach nur Spaß haben möchten, beispielsweise auf der Sommerrodelbahn in Wippra oder bei einer Bobfahrt in Thale, bei der man mit 80 Sachen über neun Steilkurven und vier Sprünge 1000 Meter abwärts sausen kann.

 Lösungen Seite 96

Übung 3 **Für den folgenden Text stehen drei Überschriften zur Auswahl. Wähle eine geeignete Überschrift aus und setze sie über den Text. Denke daran, dass sie dir später als Gedächtnisstütze dienen soll.**

....

Wer in Deutschland einen Hexentanzplatz oder einen Hexenstieg sucht, der sollte in den Harz kommen, am besten am 30. April zur Walpurgisnacht.
Dann kann man z. B. in Bad Harzburg den traditionellen Umzug zur Kinderwalpurgis miterleben: Viele kleine Hexen und Teufel etwa aus Harlingerode oder Seesen ziehen ab 15 Uhr mit Musik und Peitschenknallern durch die Stadt, verbringen zusammen den Nachmittag mit Spiel, Sport und Spaß und erhalten abends ein Hexen- bzw. Teufelsdiplom.

Hexen und Teufel

Kinderwalpurgis im Harz

Straßentheater

Der Name **Walpurgis** kommt von der Heiligen Walburga, deren Namenstag der 1. Mai ist. Früher wurde sie als Beschützerin vor Zaubereien verehrt. In der Nacht vor dem 1. Mai, der Walpurgisnacht, sollen nach altem Volksglauben die Hexen auf einem Besen zum Blocksberg (dem Brocken) geritten sein, um sich dort zum Teufelskult zu versammeln.

Lösungen Seite 96

1.3 Behalten

Alles klar?! **10 goldene Regeln für richtiges Lernen**

Wer kennt das nicht: Gestern hat man es noch gekonnt, und heute ist es verschwunden. Vielleicht hast du einfach falsch gelernt? Zum Beispiel nur mechanisch auswendig gelernt, ohne die Inhalte wirklich zu verstehen?
Damit dir richtiges Lernen gelingt, hier ein paar Tipps:

1. Lerne an einem Platz, der dir gefällt, arbeite konzentriert und lass dich von niemandem stören, damit dir die positive Lernatmosphäre das Arbeiten angenehmer macht.

2. Teile dir den Lernstoff in überschaubare Mengen ein, damit du dein Gedächtnis nicht überfütterst.

3. Betrachte den Lernstoff möglichst nicht isoliert, sondern verknüpfe ihn mit etwas, was dir schon bekannt ist, oder stelle selbst ein kleines Wissensnetz her, damit nichts in der Luft hängt.

4. Nähere dich einem Thema auf mehreren Wegen, z. B. durch unterschiedliche Texte aus einem Schulbuch oder einem Lexikon, damit dein Wissen gefestigt wird.

5. Gehe sparsam mit dem Internet um, damit es dich nicht zum Abschreiben verführt.

6. Lerne nicht Ähnliches hintereinander, damit das Gehirn das Gelernte ohne Verwirrung speichern kann.

7. Werde beim Lernen aktiv, indem du größere Abschnitte mit eigenen Worten zusammenfasst (vgl. Kapitel 4.1), damit du erkennst, ob du alles verstanden hast.

8. Wiederhole das Gelernte von Zeit zu Zeit, damit es ins Langzeitgedächtnis wandern kann.

9. Mache regelmäßige Pausen (z. B. nach 45 Minuten Arbeit: 10 Minuten Pause), damit du dich entspannen kannst.

10. Schreibe das, was einfach nicht in deinen Kopf will, auf kleine Karteikarten, die in deine Hosentasche passen, damit du sie immer wieder bei geeigneten Gelegenheiten anschauen kannst (z. B. an der Haltestelle oder im Bus).

Übung 1 **Morgen stehen folgende Fächer auf dem Stundenplan: Deutsch – Englisch – Physik – Mathematik – Sport – Sport.**
Welche Hausaufgaben solltest du besser nicht hintereinander erledigen?
Verbessere die Reihenfolge, indem du die Zahlen vor den Hausaufgaben veränderst.

1. .... Deutsch: Gedicht auswendig lernen

2. .... Englisch: Vokabeln lernen

3. .... Physik: Versuchsaufbau der heutigen Stunde beschreiben

4. .... Mathematik: Aufgabe 4, Seite 29

Übung 2 ★ **In einem Lesebuch steht ein Text über den höchsten Berg Norddeutschlands, den sagenumwobenen Brocken (1142 m). Man erfährt, dass man ihn zu Fuß über den „Goetheweg" oder den „Heinrich-Heine-Weg" erreichen kann. Überlege, was du schon über Goethe und Heine weißt. Bringe dann in Erfahrung,**
- **wann sie gelebt haben,**
- **in welchem Jahr jeder von ihnen die Harzreise unternommen hat.**

Goethe	Heine
Lebenszeit:	Lebenszeit: ....
Harzreise im Jahr:	Harzreise im Jahr: ....

Übung 3 **Fasse die wichtigsten Aussagen des folgenden Textes in einem einzigen Satz zusammen.**

Neben hohen Klippen, tiefen Schluchten, Burgen, Schlössern, Seen, Talsperren und einem Zug mit einer Dampflokomotive gibt es im Harz noch etwas ganz Ungewöhnliches: die Pulman City II, den wilden Westen am Stadtrand von Hasselfelde.
Hier wurde eine richtige Westernstadt nachgebildet mit Blockhäusern, Saloon, Goldwäsche-Camp, Country-Musik, Pferden und amerikanischem Flair des 19. Jahrhunderts.
Das ganze Jahr über ist hier etwas los.

Meine Kurzfassung:

....

....

....

Lösungen Seite 97

Alles klar?! **Was dem Gedächtnis auf die Sprünge hilft.**

Nur in Büchern zu lesen, ist nicht die beste Lernmethode. Man merkt sich den Stoff besser, wenn man mit allen Sinnen lernt, und am allerbesten, wenn man das Gelernte gleich in die Tat umsetzt. Daher gilt:

Wir behalten **etwas** von dem, was wir **lesen**.

Wir behalten **viel** von dem, was wir **hören**.

Wir behalten **sehr viel** von dem, was wir **sehen**.

Wir behalten **besonders viel** von dem, was wir **hören** und **sehen**.

Wir behalten **ganz besonders viel** von dem, was wir **sagen**.

Wir behalten **am meisten** von dem, was wir selbst **tun**.

Abschlusstest (30 Minuten)

Beantworte alle Fragen, ohne zurückzublättern. Schreibe die Fragen zusammen mit deinen Antworten in dein Übungsheft:

Aufgabe 1

1. Warum sollte man das Lernen mit einem Schmierzettel beginnen?
2. Warum sollte man die fertige Arbeit nicht gleich fortlegen, sondern selbst begutachten?
3. Warum sollte man auf DIN-A4-Blätter schreiben?
4. Warum sollte man für jeden Text eine Überschrift suchen?
5. Warum sollte man bei Texten und Notizen einen Rand lassen?

Punkte: ☐ von 5

Aufgabe 2

1. Warum sollte man an einem Platz arbeiten, der einem gefällt?
2. Warum sollte man den Lernstoff in überschaubare Mengen einteilen?
3. Warum sollte man den Lernstoff mit anderen Kenntnissen verknüpfen?
4. Warum sollte man sich einem Thema auf mehreren Wegen nähern?
5. Warum sollte man mit dem Internet sparsam umgehen?
6. Warum sollte man Ähnliches nicht nacheinander lernen?
7. Warum sollte man größere Abschnitte zusammenfassen?
8. Warum sollte man das Gelernte von Zeit zu Zeit wiederholen?
9. Warum sollte man regelmäßige Pausen machen?
10. Warum sollte man schwierige Lerninhalte auf kleine Karteikarten schreiben?

Punkte: ☐ von 10

Punkte: ☐ von 15

10–15: Kompliment! Du kennst dich gut aus.
5–9: Vieles beherrscht du; manchmal bist du jedoch noch unsicher.
0–4: Du hast noch nicht alles verstanden. Am besten liest du noch einmal die Seiten, auf denen die Regeln erklärt wurden.

Lösungen Seite 97

München: Innenstadt mit Frauenkirche und Rathaus

2

Mit Texten umgehen

Lesen heißt, jemandem zuzuhören.

Ziel des Lesens ist es, genau zu verstehen, was ein anderer sagt und wie er es sagt. Dazu müssen wir einen Text objektiv aufnehmen. Dies gelingt am besten, wenn wir Texte Schritt für Schritt erfassen und wichtige Aussagen markieren. So entsteht ein stilles „Gespräch" mit dem Text.

2.1 Lesen

Alles klar?! Sachtexte richtig lesen

Um einen Text gut zu verstehen, solltest du
- ihn gründlich lesen, (mindestens) zweimal,
- Wichtiges von Unwichtigem unterscheiden, intuitiv oder durch die „Weglass"-Probe,
- Wichtiges kennzeichnen, z. B. mit einem Textmarker.

Übung 1 Lies den folgenden Satz einmal leise und einmal laut. Überlege bei jedem Wort: Was würde dem Satz ohne dieses Wort fehlen? Gehört es zu den sinntragenden Kernwörtern? Notiere anschließend die Kernwörter.

München ist eine sehenswerte Stadt, die den Münchnern und ihren Besuchern viel zu bieten hat.

Folgende Wörter sind in dem Satz besonders wichtig:

....

....

Übung 2 Unterstreiche in der folgenden Fremdenverkehrswerbung die Wörter, die du als wichtig einstufst. Wenn du gleich einen ganzen Abschnitt kennzeichnen möchtest, setze am besten einen senkrechten Strich an den Rand.

Wenn man nach München kommt und die Stadt kennenlernen möchte, weiß man gar nicht, wo man anfangen soll, so umfassend ist das Kultur- und Freizeitangebot, z. B.:
– Residenz mit Prunk- und Schausälen, wo man den Wohnsitz bayerischer Herrscher besichtigen kann;
– Englischer Garten mit viel Platz für Freizeitaktivitäten, wo man aber auch einer japanischen Teezeremonie beiwohnen kann;
– Tierpark mit Geo-Zoo, wo man die meisten Tiere sogar ohne Gitter und Zäune beobachten kann;
– Olympiapark mit der Sportlandschaft von 1972, wo man die kühne Zeltdachkonstruktion bewundern kann;
– Bavaria-Filmstudios mit Stars und Sternchen, wo man eine Stunt-Show erleben kann;
– Museen mit herausragenden Kunstwerken, wo man z. B. in der Glyptothek originale Figuren aus der griechischen Antike betrachten kann;
– Märkte, Feste, Festivals mit besonderen Veranstaltungen, wo man z.B. am Stadtmarathon teilnehmen oder das Oktoberfest besuchen kann.

Lösungen Seite 98

Etwas ganz Besonderes für Groß und Klein gibt es aber im Deutschen Museum auf der Museumsinsel. Es gehört zu den bedeutendsten und größten Technikmuseen der Welt. In vielen Stockwerken kann man etwas über die wissenschaftlichen und technischen Errungenschaften der letzten Jahrhunderte erfahren, und dies nicht durch schwer verständliche Erklärungen, sondern durch eigenes interaktives Handeln: Mit Schaltern, Knöpfen und Hebeln darf man sich einmischen und bei vielen technischen Prozessen mitmachen. Dann blitzt etwas auf oder bewegt sich und lässt den Besucher auf anschauliche Art und Weise verstehen, warum dies so sein muss.

In einigen Abteilungen kann man auch Unikate sehen, von denen man bisher nur gehört hat, z. B. das erste Automobil oder die erste Propellermaschine.

Um alles kennenzulernen, würde man viele Wochen brauchen. Daher trifft man am besten eine kleine Auswahl und entscheidet sich, aus der Fülle nur Einzelnes auszusuchen, was einen besonders interessiert, z. B. Autos – Computer – Fernrohre – Musikinstrumente – Raumsonden – Roboter – Segelschiffe – Telefon – Uhren – Webetechniken – Windmühlen – und – und – und.

Alles klar?! **Texte kommentieren**

- Texte kommentieren = seine persönliche Meinung sagen
- Textkommentare können am Rand platziert werden.
- Als Kommentar kann man Worte wie „toll“, „übertrieben“ oder „verstehe ich nicht“ verwenden, aber auch Zeichen/Symbole wie ein Fragezeichen oder einen Gegensatzpfeil.
- Textkommentare sind an uns selbst gerichtet.

Übung 3 **Kommentiere den Text über München. Schreibe an den Rand.**

Alles klar?! **Richtig lesen – Zusammenfassung**

1. Lesen
2. Lesen
3. Unterstreichen bzw. Markieren von Kernwörtern und Kernaussagen
4. Kommentieren (durch Wort oder Zeichen/Symbole)

2.2 Aufbau erkennen

Alles klar?! **Strukturen wahrnehmen**

Um einen Text richtig zu erfassen, muss man nicht nur seinen Inhalt wahrnehmen, sondern auch seine Struktur. Unter Struktur versteht man die Form eines Textes, seine logische Gestalt, seinen Aufbau.
Frage: Wie ist ein Text aufgebaut bzw. welche Teile hat er und in welchem Verhältnis stehen diese Teile zueinander?
Wie beim Blick auf einen Stadtplan sieht man sich also den Text „von oben" an und versucht seine Strukturen zu erkennen.

So erkennst du die Struktur eines Textes:

- Gehe den Text Abschnitt für Abschnitt durch.
- Mache dir klar, wovon jeder Abschnitt handelt, welches Thema er hat.
- Beachte, dass mehrere Abschnitte thematisch zusammengehören können.
- Notiere die Themen – mit Zeilenangabe! – am Rand des Textes oder auf einem gesondertem Blatt.
- Veranschauliche die Textstruktur am Schluss in einer kleinen Grafik.

Übung 1 ★ **Lies den Text über München in Kapitel 2.1 Übung 2 noch einmal durch und gliedere ihn in mehrere thematische Abschnitte. Schreibe die Themen in dein Übungsheft; gib dabei an, in welchen Zeilen die Themen jeweils behandelt werden. Veranschauliche deine Struktur anschließend in einer Grafik.**

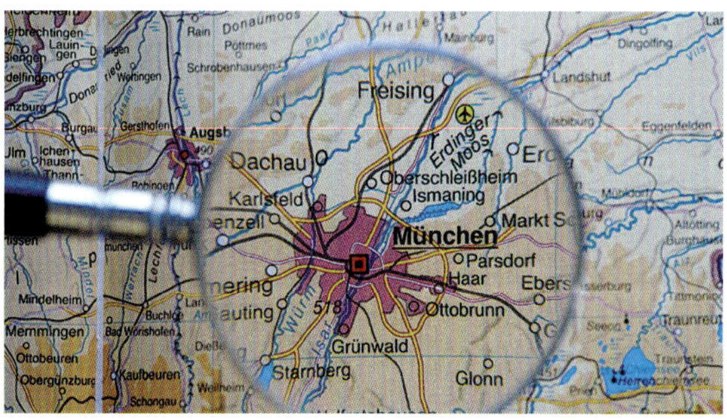

Übung 2 **Manchmal enthält ein Text kleine Gliederungssignale, die anzeigen, dass ein neuer Gedanke beginnt. Sie kennzeichnen eine Zäsur (= Einschnitt, z. B. *„denn, doch, aber, auf einmal"*)**
Finde im Text über München aus Kapitel 2.1 Übung 2 ein kleines Wörtchen, das einen Themenwechsel anzeigt.

In Zeile .... steht das Wörtchen .... Es signalisiert, dass ein neuer Gedanke folgt.

Lösungen Seite 98–99

Übung 3 **Lies das folgende Gedicht von Ringelnatz. Recherchiere im Internet einen Stadtplan von München und finde heraus, auf welche Örtlichkeiten sich folgende Wörter aus dem Gedicht beziehen. Schreibe die Erklärungen dazu in dein Heft.**

Stachus (Zeile 1) – Sendlingertorplatz (Zeile 2) – Schwabing (Zeile 2) – Oktoberwiese (Theresienwiese) (Zeile 8) – Bavaria (Zeile 9) – Donisl (Zeile 14) – Frauentürme (Zeile 18) – Theatiner (Zeile 24) – Pinakothek (Zeile 29)

München (Joachim Ringelnatz)
(Nach einer Herrenstammtisch-Nacht)

Die Amseln flöten am Stachus.
Am Sendlingertorplatz nach Schwabinger Nacht
Schimpfen Caprivi und Bacchus
Auf eines Wasserspringbrunnens Pracht.
Jemand, der seinen Doktor gemacht
Hat, fühlt sich als ein Riese
Und brüllt als wie am Spieße. –
Auf der Oktoberwiese:
Die Bavaria: – lacht.
Vor Mittag wünschen zweie
Sich „Angenehme Ruh!“
Der dritte Chargierte Immerzu
Feiert noch Bannerweihe.
Im Donisl blühn die Weißwürste.
Im Schlachthof brüllt anderthalb Kalb.
Und reaktionäre Dürste
Erheben sich allenthalb...
Die Frauentürme verwechseln
Sich selber. Von unten her
Kurzwichsig mit Jodeln und Sächseln
Hebt sich der Fremdenverkehr.
Da lassen sich aus Venedig
Die Tauben und Witwen und Ehefraun
Am Theatiner rundum beschaun
Und trippeln, als seien sie ledig.
Und weil ich mich eben so freue,
Mal ohne Frau, auf verbotenem Weg,
Drum preis‘ ich die alte und neue
Pinako – Pinako – – kothek.

Sacherklärungen:
Caprivi (Zeile 3):
preußischer General des 19. Jahrhunderts
Bacchus (Zeile 3):
römischer Gott des Weins
Chargierter (Zeile 12):
Amtsträger in einer studentischen Verbindung

Übung 4 **Gliedere nun das Gedicht. Da es keine Strophen (Absätze) enthält, lohnt es sich, bei jedem einzelnen Satz folgende Frage zu stellen: Wovon handelt der Satz? (Achtung! Es lassen sich teilweise mehrere Sätze zu einem Thema zusammenfassen.) Schreibe deine Gliederung in dein Heft.**

Lösungen Seite 99

2.3 Texte analysieren

Alles klar?! **Analysieren = etwas in seine Teile zerlegen**

- Ziel des Zerlegens ist es, die Art und Anordnung der Teile wahrzunehmen.
- Danach muss man die Teile wieder zusammensetzen und überlegen, in welchem Verhältnis sie zueinander stehen.
- In einer nachfolgenden Interpretation kann man daraus Schlussfolgerungen ziehen.

Übung 1 **Überlege, in welchem Verhältnis die Textteile im Ringelnatz-Gedicht zueinander stehen (Kapitel 2.2 Übung 3 und 4): Wie sind die Themen angeordnet? Bringe sie in die richtige Reihenfolge.**

(   ) Menschen – (   ) Menschen – (   ) Stadt – (   ) Stadt – (   ) lyrisches Ich

Vervollständige nun den zusammenfassenden Satz:

Das lyrische Ich (offensichtlich Ringelnatz selbst) beschreibt seinen Heimweg von einer durchzechten Nacht; dabei gleitet sein Blick

....

....

....

Alles klar?! **Vergleichen = Ähnlichkeiten und Unterschiede zwischen mehreren Dingen herausarbeiten**

Vergleiche führt man anhand eines Gesichtspunktes durch.

Lösungen Seite 99

Übung 2 **Lies noch einmal das Gedicht von Ringelnatz. Vergleiche dann die Menschen aus Zeile 2 bis 13 mit den Menschen aus Zeile 20 bis 25. Wähle dazu den Gesichtspunkt „Verhalten der Menschen".**
Belege deine Antworten jeweils durch Angabe der entsprechenden Textzeile.
Schreibe in dein Übungsheft.

Alles klar?! **Interpretieren = einen Text deuten**

Ziel einer Interpretation ist es, so nahe wie möglich an das heranzukommen, was der Autor gemeint hat.

Übung 3 **Versuche die Zeilen 28 und 29 des Gedichts autorennah zu interpretieren. Vervollständige dazu diesen Satz:**

Die Gedanken in den Zeilen 28 und 29 lassen erkennen, dass

....

....

....

Übrigens:
Kennst du folgende Köstlichkeiten, die man in München essen kann?

- Radi
- Obatzter
- Weißwurst
- Kas
- Brezn

Abschlusstest (30 Minuten)

Beantworte folgende Fragen und kreuze die richtige Antwort an.

Aufgabe 1

	Ja	Nein
1. Sollte man einen Text mehrmals lesen?	❑	❑
2. Sollte man möglichst viele Wörter kennzeichnen?	❑	❑
3. Ist es richtig, Textkommentare an den Rand zu schreiben?	❑	❑
4. Muss man bestimmte Spielregeln beim Kommentieren beachten?	❑	❑
5. Dürfen Kommentare auch subjektiv sein?	❑	❑

Punkte: ☐ von 5

Aufgabe 2

	Ja	Nein
1. Gibt es einen Unterschied zwischen einer Zäsur und einem Einschnitt?	❑	❑
2. Könnte das Wörtchen „und“ ein Signal für eine Zäsur sein?	❑	❑
3. Könnte das Wörtchen „jedoch“ ein Signal für eine Zäsur sein?	❑	❑
4. Sollte man bei einer Textgliederung Zeilenangaben machen?	❑	❑
5. Können bei einem Gedicht mehrere Strophen thematisch zusammengehören?	❑	❑

Punkte: ☐ von 5

Aufgabe 3

	Ja	Nein
1. Ist eine Analyse dasselbe wie eine Zerlegung eines Ganzen in seine Teile?	❑	❑
2. Ist es richtig, zuerst zu interpretieren und dann zu analysieren?	❑	❑
3. Ist eine Interpretation dasselbe wie eine Erörterung?	❑	❑
4. Kann man ganz eindeutig herausfinden, was ein Autor gemeint hat?	❑	❑
5. Sollte man beim Umgang mit Texten immer die Zeile nennen, in der das Gemeinte steht?	❑	❑

Punkte: ☐ von 5

Punkte: ☐ von 15

10–15: Kompliment! Du kennst dich gut aus.
5–9: Vieles beherrscht du; manchmal bist du jedoch noch unsicher.
0–4: Du hast noch nicht alles verstanden. Am besten liest du noch einmal die Seiten, auf denen die Regeln erklärt wurden.

Lösungen Seite 100

Mecklenburg-Vorpommern: Schloss Schwerin

3 Textarten erkennen

Literarische Texte und Sachtexte unterscheiden sich oft bereits im äußeren Erscheinungsbild. Ein Gedicht erkennt man beispielsweise daran, dass meist die Zeilen (Verse) nicht vollständig ausgefüllt und mehrere Zeilen (Strophe) blockartig gesetzt sind. Beim Lesen bestätigt sich dann: Ein literarischer Text hört sich anders an als ein Sachtext, wie z. B. eine Gebrauchsanweisung für die Einrichtung eines Computers. Worin der innere Unterschied zwischen literarischen Texten und Sachtexten besteht, soll in diesem Kapitel nachvollziehbar werden.

3.1 Literarische Texte

Literarische Texte sind dichterische Texte.
Dichterische Texte sind poetische Texte.
Poetische Texte sind fiktive Texte.
Warum?
Literarische Texte heißen so, weil sie zur Literatur gehören.
Dichterische Texte heißen so, weil Dichter sie geschrieben haben.
Poetische Texte heißen so, weil man Dichter auch Poeten nennt.
Fiktive Texte heißen so, weil sie ausgedacht sind.

Alles klar?! **Merkmale literarischer Texte**

Zu den literarischen Texten gehören:
Gedichte (Lyrik), erzählende Texte (Epik) und Theaterstücke (Dramatik).

- Literarische Texte sind subjektive Texte. Sie bedienen sich meist einer Sprache, die deutlich von der Alltagssprache abweicht.
- Literarische Texte deuten oft nur an, was gemeint ist, statt präzise zu formulieren.
- Literarische Texte sprechen häufig in Bildern und Vergleichen. Damit legen sie hinter das Gemeinte einen zusätzlichen Bedeutungsraum.

Übung 1 **Das folgende Gedicht hat Joseph von Eichendorff 1835 geschrieben. Lies es laut und versuche die besondere Stimmung darin zum Ausdruck zu bringen.**

Schläft ein Lied in allen Dingen,
Die da träumen fort und fort,
Und die Welt hebt an zu singen,
Triffst du nur das Zauberwort.

Joseph von Eichendorff

Alles klar?! **Dichterische Freiheit**

- Dichter gehen meist sehr frei mit der Welt um, über die sie schreiben.
- Die Bausteine dieser Welt stammen fast immer aus der Realität. Die Art, wie die Bausteine miteinander in Verbindung gebracht werden, kommt jedoch so in der Realität nicht vor.

Beispiel: Schaue dir nochmals das Gedicht von Eichendorff in Übung 1 an: In der Realität gibt es *„Schlaf“*, *„Dinge“*, *„Träume“*; aber ihre besondere Zusammenstellung gibt es nur in der Fantasie von Eichendorff.

Übung 2 **Lies das folgende Gedicht einmal laut. Welche sprachliche Besonderheiten kannst du hören? Du findest sie bei den meisten Gedichten.**

Er ist’s (Eduard Mörike)

Frühling lässt sein blaues Band
Wieder flattern durch die Lüfte;
Süße, wohlbekannte Düfte
Streifen ahnungsvoll das Land.
Veilchen träumen schon,
Wollen balde kommen.
– Horch, von fern ein leiser Harfenton!
Frühling, ja du bist’s!
Dich hab ich vernommen!

Eduard Möricke

Beim Hören des Gedichts fällt auf:

1. ....

....

....

2. ....

....

....

Übung 3 **Was mag Mörike wohl mit Zeile 3 und 4 meinen?**

Vermutlich denkt Mörike an:

....

....

Übung 4 **Wohl kaum einer wird beim Stichwort „Frühling" an ein blaues Band denken. Was mag Mörike wohl in Zeile 1 damit meinen?**

Vermutlich meint Mörike mit dem „blauen Band", das der Frühling durch die Lüfte flattern lässt,

....

....

Übung 5 **Überlege, welche Bedeutung wohl dem Verb „träumen" (Zeile 5) unterlegt ist. Streiche die unpassenden Assoziationen durch.**

Voraussage Illusion

Ahnung Schein Alptraum

Lösungen Seite 101

Übung 6 **Schreibe den folgenden Text in dein Übungsheft. Verteile die einzelnen Zeilen so, dass er bereits an der äußeren Form als Gedicht erkennbar ist.**

Frühlingsglaube (Ludwig Uhland)

Die linden Lüfte sind erwacht, sie säuseln und weben Tag und Nacht, sie schaffen an allen Enden. O frischer Duft, o neuer Klang! Nun, armes Herze, sei nicht bang! Nun muss sich alles, alles wenden.

Die Welt wird schöner mit jedem Tag, man weiß nicht, was noch werden mag, das Blühen will nicht enden. Es blüht das fernste, tiefste Tal: Nun, armes Herz, vergiss der Qual! Nun muss sich alles, alles wenden.

Übung 7 **Welche Aussagen macht Uhland über den Frühling?**

Uhland stellt den Frühling so dar:	Diese Aussagen erkennt man besonders in folgenden Zeilen:
....	....
....	....
....	....
....	....
....	....

Lösungen Seite 101–102

3.2 Sachtexte, die informieren sollen

Alles klar?! **Merkmale von Sachtexten**

- Sachtexte werden auch Gebrauchstexte genannt.
- Sie handeln von Sachen, Tatsachen, Gegebenheiten in der Wirklichkeit.
- Bericht und Beschreibung gehören zu den informierenden Sachtexten.
- Informierende Sachtexte bedienen sich meist der gewöhnlichen Alltagssprache, ohne Schnörkel, Rhythmus oder Reim.
- Ziel von informierenden Sachtexten ist es, eindeutig verstanden zu werden. Sachtexte bemühen sich um Objektivität. Persönliche Stellungnahmen, Wertungen und Vermutungen haben hier nichts zu suchen.

Beispiel: *Von allen deutschen Bundesländern verfügt Mecklenburg-Vorpommern über die größten Wasserflächen: 5% des gesamten Gebietes bestehen aus Bächen, Flüssen und zahllosen Seen. Es sollen zwischen 1000 und 2000 Seen sein.*
Das Land ist dünn besiedelt und hat wenig Industrie. Viele Maler und Dichter haben sich bei ihrer künstlerischen Arbeit von der Landschaft Mecklenburg-Vorpommerns inspirieren lassen.

Übung 1 **Finde im folgenden Text die Wörter und Sätze, die wegen ihrer subjektiven Färbung nicht in eine sachliche Beschreibung gehören. Klammere sie ein.**

Weißt du, was Hünengräber sind? Es sind eindrucksvolle Grabanlagen aus riesigen Findlingsblöcken, die unsere Vorfahren in der Steinzeit errichtet haben. Man nennt sie auch Megalithgräber. Ursprünglich waren sie mit Erde bedeckt und dienten als Totenstätte für mehrere Generationen.
Auf Rügen kann man viele dieser aufregenden Steinbauten sehen. Auf dem gesamten Gebiet von Mecklenburg-Vorpommern sind mehrere Hundert Gräber gut erhalten; viele wurden jedoch leider auch als Baumaterial für Straßen und Häuser verwendet.
Besonders beeindruckende Steinsetzungen dieser Art haben sich glücklicherweise auch im Umfeld von Schwerin im Everstorfer Forst erhalten: Dort gibt es u. a. eine überdimensionale Grabanlage aus dem 3. Jahrtausend v. Chr., die ungefähr 50 m lang und 10 m breit ist und von 50 Findlingen umschlossen ist. Wer mag wohl die mächtigen Blöcke dorthin transportiert haben? Und wie hat man wohl das technische Problem gelöst, so schwere Steine herbeizuschaffen und aufzustellen?

Lösungen Seite 102

Alles klar?! **Fachbegriffe in Sachtexten**

Sachtexte enthalten oft detaillierte Angaben und Fachausdrücke. Dadurch kann sich der Leser das Beschriebene besser vorstellen.

Beispiel: *Mecklenburg-Vorpommern bietet auch für viele Tiere einen geeigneten Lebensraum, besonders für Fischadler im Müritzgebiet, für Kormorane am Strelasund und für Kraniche auf der Insel Rügen, bevor sie im Herbst von dort nach Afrika weiterfliegen.*
→ Diesen Text versteht man nur dann vollständig, wenn man die Tierarten kennt und weiß, wo die genannten Orte liegen.

Übung 2 **Schlage die folgenden Fachausdrücke in einem Lexikon nach und notiere deine Antworten.**

Bodden:

....

....

Nehrung:

....

....

Haff:

....

....

Übung 3 **Suche in einem Atlas die angegebenen Örtlichkeiten an der Ostseeküste und erkläre knapp, wo sie liegen.**

Der *Saaler Bodden* liegt zwischen

....

Das *Salz-Haff* mit seiner Nehrung liegt in der Nähe der beiden Ostseebäder

....

Lösungen Seite 102

3.3 Sachtexte, die beeinflussen sollen

Alles klar?! **Kommentar und Erörterung**

Kommentar und Erörterung sind ebenfalls Sachtexte. Im Gegensatz zu einem informierenden Sachtext

- drücken sie eine Meinung aus,
- versuchen sie zu überzeugen, z. B. durch Argumente und eine geschickte Wortwahl.

Viele Wörter – besonders die Adjektive und Substantive – haben eine wertende Funktion. Fachleute sprechen von „Konnotaten" (= Mitgedanken), die mitschwingen. Beim Lesen muss man darauf achten, ob der Verfasser sich wirklich sachlich-neutral ausdrückt, oder ob sich hinter der sachlichen Sprache ein wertendes Urteil verbirgt, z. B.:

sachlich und neutral:
Wismar, Stralsund, Rostock und Greifswald sind alte Hansestädte, die früher wichtige Zentren eines weitverzweigten Handelsnetzes waren.

sachlich mit wertendem Unterton:
Wismar, Stralsund, Rostock und Greifswald sind alte Hansestädte, die früher bedeutende Zentren eines weitverzweigten Handelsnetzes waren.

Beide Sätze unterscheiden sich nur in einem einzigen Wort: *„wichtige"* und *„bedeutende"*. Beide Wörter sind sachlich zutreffend und enthalten keine subjektive Komponente. Und doch gibt es einen Unterschied:
Das Adjektiv *„wichtig"* klingt neutral und drückt aus, dass die genannten Hansestädte in der Rangordnung der Städte einen hohen Platz einnehmen.
Das Adjektiv *„bedeutend"* sagt inhaltlich dasselbe, wertet aber zusätzlich noch auf:
Es bedeutet zugleich „wichtig" und „große Wirkung".

Übung 1 **Vergleiche die folgenden Sätze, deren Inhalt sachlich zutreffend ist, miteinander. Welcher der beiden Sätze übertrumpft den anderen bei der Kennzeichnung der beiden Altstädte? Begründe.**

Satz A: Die Altstädte von Stralsund und Wismar gehören zum Weltkulturerbe.
Satz B: Die Altstädte von Stralsund und Wismar locken viele Besucher aus aller Welt an.

Satz

....

....

....

Lösungen Seite 103

Übung 2 ★ **Textvergleich**

Zu den Besonderheiten von Mecklenburg-Vorpommern gehören zahlreiche Alleen. Es gibt Bemühungen, sie zu erhalten und eine Deutsche Alleenstraße von Rügen bis zum Bodensee zu führen.
Untersuche die folgenden Texte der Befürworter und der Gegner eines solchen Projekts. Unterstreiche in beiden Texten diejenigen Wörter, die hinter dem sachlichen Inhalt noch eine Wertung enthalten, mit der die Leser beeinflusst werden sollen. Schreibe die betreffenden Wörter in die jeweilige Übersicht.

Text der Gegner:
Nun haben wir es gerade geschafft, den Verkehr in unserem Land sicherer zu machen, da droht Gefahr von anderer Seite. Die kilometerlangen Alleen sollen nicht nur erhalten, sondern sogar ergänzt werden. Das bedeutet, dass die langen Straßen über Land Meter für Meter an beiden Seiten von Bäumen begrenzt werden, die in geringen Abständen zum starren Hindernis werden können.

Text der Befürworter:
Nun haben wir es gerade geschafft, den Verkehr in unserem Land sicherer zu machen; da ergibt sich die Chance, unsere kilometerlangen Alleen auszubauen. So wird eines Tages ein grünes Blätterdach von Nord nach Süd dem Motorradfahrer und Radfahrer schattigen Schutz vor Sonne und Wetter schenken.

Folgende Wörter enthalten neben ihrem Sachgehalt auch noch einen wertenden Unterton:

negativ (bei den Gegnern):	positiv (bei den Befürwortern):
....	....
....	....
....	....
....	....
....	....
....	....

Lösungen Seite 103

Abschlusstest (20 Minuten)

Aufgabe **Prüfe die folgende Auswahl einiger Textarten. Ordne sie dann einer der drei Gruppen in der Tabelle zu.**

Ballade	Bekanntmachung	Bericht
Beschreibung	Erörterung	Erzählung
Fabel	Gebrauchsanweisung	Inhaltsangabe
Kommentar	Komödie	Kurzgeschichte
Nachricht	Protokoll	Werbetext

Literarische Texte	Informierende Sachtexte	Beeinflussende Sachtexte

Punkte: ☐ von 15

10–15: Kompliment! Du kennst dich gut aus.
5–9: Vieles beherrscht du; manchmal bist du jedoch noch unsicher.
0–4: Du hast noch nicht alles verstanden. Am besten liest du noch einmal die Seiten, auf denen die Regeln erklärt wurden.

 Lösungen Seite 103

Bonn: Abendstimmung mit Post-Tower

4 Texte schreiben

Es gibt wohl kaum einen Menschen, der nicht gerne etwas erzählt und gerne zuhört, wenn ein anderer etwas erzählt. Dies können wir meist von Natur aus und brauchen es nicht lange zu üben. Das ist anders, wenn wir jemanden so über etwas informieren möchten, dass keine Nachfrage nötig ist: klipp und klar und unmissverständlich. Da gibt es so manches Problem: Wie fange ich an? Was muss der andere unbedingt wissen, damit er folgen kann? Was ist entbehrlich oder verwirrt nur? Welche Reihenfolge soll ich wählen? Damit wir auch dabei Profis werden, soll dieses Kapitel einige grundsätzliche Fertigkeiten vermitteln.

4.1 Inhaltsangabe

Alles klar?! **In der Kürze liegt die Würze**

- Inhaltsangaben sind Textzusammenfassungen.
- Inhaltsangaben sind sachlich informierende Texte ohne Ausschmückungen und Wertungen.

Übung 1 **Blättere zurück zu Kapitel 3 und prüfe, in welchem Teilkapitel du dich schon mit den Merkmalen von Inhaltsangaben vertraut machen konntest.**

In Kapitel .... wurde bereits geübt, einen informierenden Sachtext ohne Wertungen zu schreiben.

Alles klar?! **So wenig wie möglich – so viel wie nötig**

- Inhaltsangaben sind kurze Texte. Sie beschränken sich auf das Wesentliche.
- Der Inhalt des Textes wird in eigenen Worten wiedergegeben. Dabei helfen die bekannten W-Fragen: *Wer? Was? Wo? Wann? Wie? Warum?*

Übung 2 **Lies den folgenden Text aus einer Schülerzeitung. Beantworte die abschließenden Fragen.**

Klassenfahrt mit Einlage

Ich erinnere mich genau. Es war auf unserer Klassenfahrt in die Eifel. Bei uns im Zug war es urgemütlich. Svenja war gerade dabei, uns zu erzählen, wie sich ihre Meerschweinchen zu Hause unter ihrem Bett versteckt hatten und einfach nicht mehr zu bewegen waren, darunter hervorzukriechen.

Da verlangsamte sich die Fahrt und unser Zug hielt in Bonn. Als wir rausguckten, meinte Tom: „Das soll mal eine Bundeshauptstadt gewesen sein – mit diesem Mini-Bahnhof?“ Und Laura ergänzte: „Und was sollen wir hier?“ „Bildung lernen“, sagte Mike und zog seine Reisetasche lustlos vom Gepäcknetz. „Vielleicht ist es ja gar nicht so langweilig“, philosophierte Carsten, „und außerdem dauert unser Zwischenstopp ja nur 3 Stunden. Und heute Abend gibt's Grillwürstchen am Lagerfeuer.“ „Pst!“, zischte Lisa, „Frau Berger ...“ „Die kennt uns Schüler doch. Und schließlich hat sie uns gesagt, dass unsere Klassenfahrt etwas für Körper UND Geist sein soll ...“ „Typisch Lehrer“, maulte Laura und stieg aus.

Und dann kam alles ganz anders: Auf dem Bahnsteig erwartete uns ein freundlicher älterer Herr und drückte jedem von uns erst einmal einen kleinen Stadtplan in die Hand.

Lösungen Seite 104

Dann suchten wir uns ein ruhiges Plätzchen vor dem Bahnhof, und er hielt uns einen kleinen Vortrag über die Geschichte der Stadt. Ich wusste gar nicht, dass es Bonn schon seit 2000 Jahren gibt und dass Römer und Franken hier waren, dass Beethoven hier geboren wurde und dass Bonn jetzt eine UNO-Stadt ist. Eigentlich hatten wir uns vorgenommen, den Bonner Zwischenstopp blöd zu finden. Aber plötzlich war alles so spannend.

Unser Stadtführer machte dann noch eine Rallye mit uns, bei der wir viel über die Schlösser, den Alten Zoll, das Münster über den Märtyrergräbern und die Universität erfuhren. Sogar im Botanischen Garten war es cool: Da gab es eine Titanwurz-Blume, deren Blüte über 2 m hoch war, und Riesenseerosen, auf deren Blätter man ein Baby setzen kann.

Und auch wenn Frau Berger uns allen zum Abschluss kein Eis spendiert hätte, wären die meisten von uns ganz begeistert gewesen von all den Neuigkeiten unserer früheren Bundeshauptstadt, die so romantisch an Rhein und Siebengebirge liegt.

(*Melanie Ahrens*)

Wer?

Was?

Wo?

Wann?

Wie?

Lösungen Seite 104

Alles klar?! **Zeitstufen in der Inhaltsangabe**

- Inhaltsangaben sind distanzierte Texte.
- Der Text steht im (sozusagen zeitlosen) Präsens, die wörtliche/direkte Rede wird in die indirekte Rede umgewandelt, die dann im Konjunktiv steht.

Übung 3 **Fasse das Gespräch im Zeitungsartikel (Zeile 5 bis 13) für eine Inhaltsangabe zusammen und verwende dabei an geeigneten Stellen den Konjunktiv.**

Einige spotten über

....

....

....

Alles klar?! **Einleitung von Inhaltsangaben**

Inhaltsangaben sollen Leser von Beginn an mitdenken lassen und schnelle Orientierung geben.
Am Anfang steht der *Einleitungssatz* mit Angaben zu
- Textart,
- Verfasser,
- Titel,
- Thema (und Übersicht über den ganzen Text).

Übung 4 **Setze den folgenden Einleitungssatz für eine Inhaltsangabe des Zeitungsartikels fort.**

Die Geschichte „Klassenfahrt mit Einlage“ von Melanie Ahrens

....

....

....

....

Lösungen Seite 104

Alles klar?! **Der „rote Faden“**

Vor dem Beginn einer Inhaltsangabe ist es nützlich, den Text in einzelne Sinnabschnitte zu gliedern. Dies ergibt die Struktur, den „roten Faden“ der Inhaltsangabe.

Übung 5 **Gliedere die Geschichte der Klassenfahrt in zusammenhängende Sinnabschnitte und finde für jeden eine passende Überschrift.**

Sinnabschnitte:	Überschrift:
Zeile: .... bis	....
Zeile: .... bis	....
Zeile: .... bis	....
Zeile: .... bis	....

Übung 6 **Lies die Geschichte „Klassenfahrt mit Einlage“ noch einmal sorgfältig durch. Prüfe dabei auch deine Antworten zu den Übungen 2 bis 5. Schreibe nun in dein Übungsheft eine Inhaltsangabe. Wenn du fertig bist, solltest du sie mit der Inhaltsangabe aus dem Lösungsteil vergleichen. Vielleicht gelingt deine Inhaltsangabe besser? Versuche es!**

Lösungen Seite 104–105

4.2 Bericht

Alles klar?! **Merkmale eines Berichts**

- Berichte sind Sachtexte.
- Berichte informieren über Ereignisse, die tatsächlich stattgefunden haben und deren Augenzeuge man war.
- Berichte setzen eine sorgfältige Beobachtung und Sprache voraus, damit man verlässliche Angaben machen kann.
- Berichte erfordern einen objektiven Schreibstil. Man orientiert sich an den W-Fragen: *Wer? Was? Wo? Wann? Wie? Warum?*
- Berichte fassen nur Wichtiges – Schritt für Schritt und doch knapp – zusammen, Nebensächliches entfällt.

Übung 1 **Kürze den folgenden Bericht. Klammere alle Wörter ein, die für das Verständnis des Ereignisses nebensächlich sind.**

Zwischenfall beim Staatsbesuch

Als wir mit unserer Klasse gerade die Anhöhe des Alten Zolls, dessen Kanonen zum Rhein gerichtet sind, verlassen wollten, hörten und sahen wir auf der Adenauerallee, die hier parallel zum Rhein verläuft, eine Motorrad-Eskorte. In gleichmäßigem Tempo geleitete sie eine schwarze Limousine in die Innenstadt.
Auf den gepflasterten Bürgersteigen blieben überall Passanten stehen. Plötzlich stoppten die Fahrzeuge und ein Hund jaulte auf. Ein Mann mit brauner Jacke lief zwischen die Motorräder und rief nach seinem Hund. Die Männer des Geleitschutzes kümmerten sich sofort um die beiden.
Der Mann hob den Hund auf den Arm und trug ihn auf den breiten Bürgersteig. Nach kurzem Wortwechsel mit dem Chauffeur des Staatsgastes setzten alle Fahrzeuge ihre Fahrt fort.

Alles klar?! **Besonderheiten eines Berichts**

- Im Gegensatz zu anderen Sachtexten ist es im Bericht manchmal erforderlich, einen gesprochenen Satz als Zitat (also in direkter Rede und nicht in indirekter Rede) wiederzugeben.
- Falls es dem Verständnis der Zusammenhänge dient, sind sogar persönliche Vermutungen erlaubt; es muss jedoch deutlich werden, dass es sich um Vermutungen und nicht um Tatsachen handelt.

Lösungen Seite 105

Übung 2 **Überlege, ob der folgende Satz als angemessene (und damit erlaubte) Vermutung in den Bericht von Übung 1 eingefügt werden darf oder nicht. Streiche die falsche Antwort durch.**

Vermutlich hatte sich der Hund beim Nahen der Eskorte von der Leine gerissen und war in die Fahrzeuge gelaufen.

Antwort 1: Diese Vermutung ist hier – ausnahmsweise – erlaubt.

Antwort 2: Diese Vermutung hat hier nichts zu suchen.

Alles klar?! **Zeitstufen im Bericht**

- Berichte schreibt man im Imperfekt, da die Ereignisse tatsächlich stattgefunden haben.
- Berichte erfordern eine genaue Abfolge der einzelnen Ereignisphasen.

Übung 3 **Der Verantwortliche der Motorrad-Eskorte, die den Staatsgast in der Limousine vom UNO-Campus abgeholt hatte, muss später in seiner Dienststelle einen Bericht über den Vorfall schreiben. Es unterläuft ihm jedoch bei der Reihenfolge der einzelnen Ereignisphasen ein Fehler. Finde ihn und nummeriere die Sätze neu und richtig.**

(1) Gestern hatten wir die Aufgabe, mit unserer Schutz-Eskorte einen Staatsgast vom UNO-Campus in die Innenstadt zu geleiten. (2) Als wir in Höhe des Alten Zolls in gleichmäßigem Tempo über die Adenauerallee fuhren, lief plötzlich ein Hund zwischen unsere Motorräder. (3) Dann folgte ihm ein Mann, der nach ihm rief. (4) Sofort stoppten wir. (5) Wir kümmerten uns sofort um beide. (6) Der Mann hob den Hund auf den Arm und trug ihn auf den Bürgersteig. (7) Nach einem kurzen Wortwechsel mit dem Chauffeur des Staatsgastes setzten alle Fahrzeuge ihre Fahrt fort.

Die Sätze müssten logisch-korrekt in folgender Reihenfolge stehen:

Satz 1, 2, ...

Übung 4 ★ **Der Vorgesetzte ist auch aus einem anderen Grund mit dem Bericht nicht zufrieden. Zur Beurteilung des Zwischenfalls ist er nicht genau genug. Überlege, welche wichtigen Angaben der Berichterstatter als verlässlicher Augenzeuge ergänzen müsste, und schreibe sie in dein Heft.**

4.3 Beschreibung

Alles klar?! **Merkmale einer Beschreibung**

- Beschreiben heißt, aus Worten ein „Foto“ machen, beispielsweise von
  - Personen,
  - Vorgängen,
  - Gegenständen,
  - Bildern.
- Ziel einer Beschreibung ist es, jemandem, der das Beschriebene nie gesehen hat, eine genaue Vorstellung davon zu vermitteln.
- Beschreibungen erfordern einen nüchternen, sachlichen Stil. Sie teilen nur das Wesentliche mit.

Übung 1 **Was ist wesentlich? Die folgenden Aufzählungen enthalten jeweils eine Angabe, die für eine Beschreibung nicht wesentlich ist. Streiche sie durch.**

Wesentliche Angaben bei der Beschreibung eines *Gegenstandes*:

- Größe
- Form
- Farbe
- Material
- Besitzer
- Zusammenspiel der Teile
- individuelle Merkmale

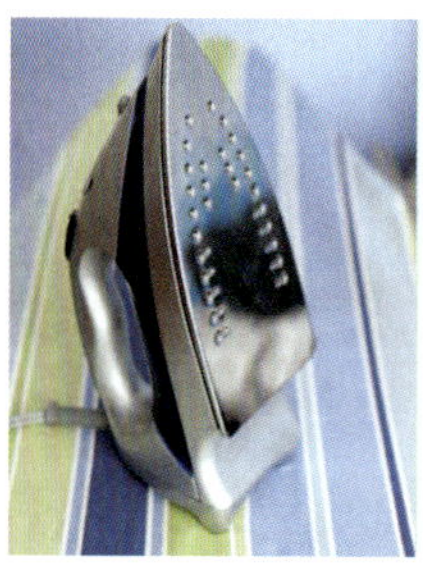

Wesentliche Angaben bei der Beschreibung einer *Person*:

- Geschlecht
- Alter
- Körperbau
- Haarfarbe
- Gesicht
- Charakter
- individuelle Merkmale

Alles klar?! **Reihenfolge und Zusammenhang bei Beschreibungen**

- Besonders wichtig bei einer Beschreibung ist die Reihenfolge.
- Eine bewährte Möglichkeit ist, beim Gesamteindruck zu beginnen und wie mit einer Lupe immer mehr auf Einzelheiten einzugehen.
- Die einzelnen Beschreibungsschritte müssen in einem logischen Zusammenhang stehen, die Gedanken dürfen nicht beliebig „springen“.

Lösungen Seite 106

Übung 2 **Bringe folgende Einzelheiten einer Hausbeschreibung in eine überzeugende Reihenfolge und schreibe sie in dein Heft.**

Baumaterial – Form der Fenster – Anzahl der Fenster – Gebäudeschmuck – Baustil – Höhe – Art des Hauses – individuelle Merkmale – Breite – Balkon – Haustür

Übung 3 **Entspricht die folgende Gegenstandsbeschreibung der Empfehlung, beim Gesamteindruck anzufangen und dann auf Einzelheiten einzugehen? Kreuze die zutreffende Antwort an.**

Tom hat im Botanischen Garten seinen Fotoapparat liegen lassen, nachdem er die riesigen Blätter der Seerosen fotografiert hatte. Bei der Aufsicht im Gewächshaus soll er ihn genau beschreiben, da im Büro zwei ähnliche Apparate liegen.

Beschreibung:
Es ist eine kleine Digitalkamera in einem schwarzen Leinenbeutel. Der Beutel hat rote Schlaufen und ist an einer Seite schon ein wenig verschlissen. An der Oberkante sind die Anfangsbuchstaben meines Namens aufgemalt. Die Kamera ist rechteckig und hat ein schwarzes Gehäuse. Die Bedienelemente bestehen aus silbrigem Material.

	Ja	Nein
Der Text folgt der Empfehlung, beim Gesamteindruck anzufangen und dann auf Einzelheiten einzugehen.	❑	❑

Übung 4 **Beschreibe das Stadtbild von Bonn. Besorge dir dazu im Internet einen Stadt- und einen Umgebungsplan von Bonn. Schaue dir alles sorgfältig an und beschreibe dann:**

- Bonns Lage am Rhein
- die Lage des nahen Siebengebirges
- Zuordnung der Stadtteile Beuel und Bad Godesberg
- die Anordnung größerer Straßen und Grünflächen

Schreibe deine Stadtbeschreibung in dein Heft.

Lösungen Seite 106

Abschlusstest (30 Minuten)

Kreuze jeweils die richtigen Antworten an:

Aufgabe 1 Inhaltsangabe

	Ja	Nein
1. Ist eine Inhaltsangabe ein Sachtext?	❑	❑
2. Darf ich meine Meinung einfließen lassen?	❑	❑
3. Darf ich eine wörtliche Rede einfügen?	❑	❑
4. Darf ich etwas erklären, damit man es besser versteht?	❑	❑
5. Darf ich das Imperfekt benutzen, wenn ich über Vergangenes informiere?	❑	❑

Punkte: ☐ von 5

Aufgabe 2 Bericht

	Ja	Nein
1. Ist ein Bericht ein Sachtext?	❑	❑
2. Darf ich Bewertungen einfügen?	❑	❑
3. Darf ich ein Zitat wörtlich wiedergeben, wenn es dem Verständnis dient?	❑	❑
4. Darf ich die Reihenfolge meiner Ausführungen selbst bestimmen?	❑	❑
5. Darf ich das Imperfekt benutzen, wenn ich über Vergangenes informiere?	❑	❑

Punkte: ☐ von 5

Aufgabe 3 Beschreibung

	Ja	Nein
1. Ist eine Beschreibung ein Sachtext?	❑	❑
2. Darf ich meine Meinung einfließen lassen?	❑	❑
3. Darf ich etwas erklären, damit man es besser versteht?	❑	❑
4. Darf ich die Reihenfolge meiner Ausführungen selbst bestimmen?	❑	❑
5. Darf ich das Imperfekt benutzen, wenn ich über Vergangenes informiere?	❑	❑

Punkte: ☐ von 5

Punkte: ☐ von 15

10–15: Kompliment! Du kennst dich gut aus.
5–9: Vieles beherrscht du; manchmal bist du jedoch noch unsicher.
0–4: Du hast noch nicht alles verstanden. Am besten liest du noch einmal die Seiten, auf denen die Regeln erklärt wurden.

Lösungen Seite 107

Leipzig: Augustusplatz mit Opernhaus

5 Texte untersuchen

Interpretieren heißt, einen Text zu deuten und zu verstehen. Ziel einer Interpretation ist es, so nahe wie möglich an das heranzukommen, was der Autor gemeint hat. Dabei hilft es auch, wenn du etwas über die Entstehungszeit des Textes und über die Lebensumstände des Autors weißt. Das folgende Kapitel stellt weitere Textarten vor und zeigt, wie du sie interpretieren kannst. Aber denke immer daran: Ein festes Schema für Textinterpretationen gibt es nicht.

5.1 Ballade

Alles klar?! **Merkmale einer Ballade**

- Balladen sind (meist lange) Gedichte, die eine handlungsreiche Geschichte erzählen und oft Dialoge enthalten.
- Zur Ballade gehören also Elemente der Lyrik (Gedicht), der Epik (Erzählung) und der Dramatik (Dialoge).
- Eine Ballade kann man durch Fragen erschließen, z. B.:
  - Was ereignet sich in der Ballade? (vgl. auch Inhaltsangabe in Kapitel 4.1)
  - Welche Stimmung herrscht in der Ballade?
  - Welchen Charakter haben die beteiligten Personen?

Die Grenadiere (Heinrich Heine)

Heinrich Heine

Nach Frankreich zogen zwei Grenadier',
Die waren in Rußland gefangen;
Und als sie kamen ins deutsche Quartier,
Sie ließen die Köpfe hangen.

Da hörten sie beide die traurige Mär,
Dass Frankreich verloren gegangen,
Besiegt und zerschlagen das große Heer –
Und der Kaiser, der Kaiser gefangen.

Da weinten zusammen die Grenadier'
Wohl ob der kläglichen Kunde.
Der eine sprach: „Wie weh wird mir,
Wie brennt meine alte Wunde!“

Der andre sprach: „Das Lied ist aus,
Auch ich möcht' mit dir sterben;
Doch hab' ich Weib und Kind zu Haus,
Die ohne mich verderben.“

„Was schert mich Weib, was schert mich Kind,
Ich trag weit bessres Verlangen;
Lass sie betteln gehen, wenn sie hungrig sind –
Mein Kaiser, mein Kaiser gefangen!

Gewähr mir, Bruder, eine Bitt:
Wenn ich jetzt sterben werde,
So nimm meine Leiche nach Frankreich mit
Begrab mich in Frankreichs Erde.

Das Ehrenkreuz am roten Band
Sollst du aufs Herz mir legen;
Die Flinte gib mir in die Hand
Und gürt mir um den Degen.

So will ich liegen und warten still,
Wie eine Schildwach' im Grabe,
Bis einst ich höre Kanonengebrüll
Und wiehernder Rosse Getrabe.

Dann reitet mein Kaiser wohl über mein Grab,
Viel Schwerter klirren und blitzen;
Dann steig' ich gewappnet hervor aus dem Grab –
Den Kaiser, den Kaiser zu schützen!“

Übung 1 **Fasse den Inhalt der Ballade kurz zusammen (Inhaltsangabe). Schreibe in dein Übungsheft.**

Übung 2 **Welche Stimmung herrscht in der Ballade? Achte darauf, ob die Stimmung gleichmäßig im ganzen Gedicht herrscht oder ob sie wechselt. Notiere deine Beobachtungen in deinem Heft.**

Übung 3 **Beschreibe den Charakter der beteiligten Personen. Belege alles mit den entsprechenden Zeilenangaben. Schreibe deine Antworten mit Textbelegen in dein Heft.**

Übung 4 **Mit welchen Wörtern stellt Heine den Verantwortungsbereich Familie dar und mit welchen den Verantwortungsbereich Vaterland? Schreibe die Schlüsselwörter in zwei Listen in dein Heft.**

Übung 5 * **Auf welcher Seite der beiden Soldaten scheint Heine zu stehen? Begründe.**

Heinrich Heines Ballade gibt Auskunft über das politische Klima in der ersten Hälfte des 19. Jahrhunderts in Europa: Preußen, Österreich, Schweden und Russland hatten sich in den sogenannten Befreiungskriegen erfolgreich gegen die Übermacht Frankreichs unter Napoleon gewehrt. Eine wichtige Schlacht in diesem Kräftemessen hatte 1813 in Leipzig stattgefunden. An die blutigen Kämpfe erinnert dort noch heute das Völkerschlachtdenkmal, dessen gewaltige Dimensionen (Höhe: 91 m) die damalige nationale Größe, Ehre und Verteidigungskraft symbolisieren sollte.

Lösungen Seite 108

5.2 Kurzgeschichten

Alles klar?! **Merkmale einer Kurzgeschichte**

Eine Kurzgeschichte ist eine kurze Geschichte. Aber das ist nicht ihr wesentliches Merkmal. An folgenden Merkmalen kann man eine Kurzgeschichte erkennen:

- Eine Kurzgeschichte ist eine besondere Form der Erzählung, ein kurzer epischer Text.
- Im Gegensatz zu einer Erzählung mit Einleitung, Hauptteil und Schluss haben die meisten Kurzgeschichten keine Einleitung und keinen Schluss. Sie setzen unvermittelt ein und brechen irgendwann plötzlich ab (offener Anfang und Schluss).
- Sie beschränken sich meist auf ein einziges Ereignis, auf eine wichtige Momentaufnahme aus dem Leben eines Menschen.
- Sie zeigen keine Helden, sondern Alltagsmenschen in einer besonderen Situation.
- Sie deuten gern an, statt detailreich darzustellen.
- Sie bauen gern innere Monologe ein, die dem Leser neben dem realen Schauplatz des Geschehens auch die Gedanken der Personen wissen lassen.

Auf der Leipziger Buchmesse

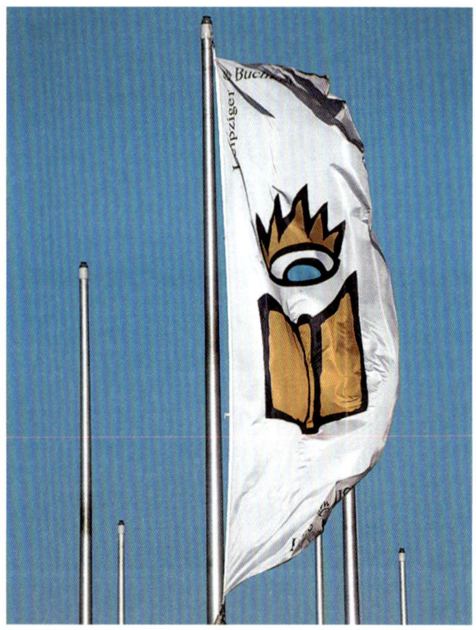

Da stand sie nun, auf die ich so lange gewartet hatte. Sie trug ein blaues Kostüm und hatte einen großen roten Schreibblock unter dem Arm. Eigentlich hatte ich mir eine richtige Autorin anders vorgestellt. Ich weiß nicht, wie, aber nicht so. Man sah ihr gar nicht an, dass sie eine bekannte Schriftstellerin war.

Auch sie schien zu warten. Ein wenig nervös klappte ich mein Buch auf, das ich extra mitgebracht hatte. Da hinein sollte sie ihr Autogramm schreiben. Was für eine Schrift sie wohl hat? Ob sie mich fragt: Wie hat dir mein Buch gefallen? Ob sie ein 13-jähriges Mädchen schon mit „Sie“ anredet? Aber noch wusste sie ja gar nicht, dass ich gleich zu ihr komme.

Sie stand mit ihrem roten Schreibblock vor dem Eingang zum Vortragssaal und schaute gelassen auf die Uhr. Sie schien gar nicht zu bemerken, dass immer wieder Menschen an ihr vorbeigingen, die offensichtlich alle gleich ihre Lesung hören wollten. Soll ich jetzt zu ihr gehen? Was bedeutet es mir überhaupt, in meinem Lieblingsbuch das Autogramm der Autorin zu haben?

In diesem Augenblick trat ein Herr auf sie zu. Sie lächelten sich an und wandten sich gemeinsam zum Eingang. Dann verschwand auch der rote Schreibblock im Saal.

Übung 1 **In dieser Kurzgeschichte fehlt die Einleitung, die sonst den Leser in das Geschehen einführt. Welche Folgen hat das für den Leser? Ergänze den folgenden Satz.**

Wenn in einer Geschichte die Einleitung fehlt, muss der Leser

....

....

Übung 2 **In dieser Kurzgeschichte fehlt auch der abrundende Schluss. Welche Folgen hat das für den Leser? Ergänze den folgenden Satz.**

Wenn in einer Geschichte der abrundende Schluss fehlt, wird der Leser vermutlich

....

....

Übung 3 **Charakterisiere die Ich-Erzählerin in der Kurzgeschichte (natürlich mit Textbelegen). Schreibe deine Charakteristik in dein Heft.**

Übung 4 **Welche Bedeutung hat wohl der „rote Schreibblock", der dreimal erwähnt wird? Notiere deine Vermutung in dein Heft.**

Übung 5 **Die Kurzgeschichte spielt sich durch den inneren Monolog auf zwei Handlungsebenen ab: in der sichtbaren Realität und unsichtbar im Bewusstsein. Ordne beide Handlungsebenen richtig zu.**

Der innere Monolog spielt sich .... ab.

Die Handlung vor dem Vortragssaal spielt sich .... ab.

Lösungen Seite 109

5.3 Reportage

Alles klar?! **Merkmale einer Reportage**

- Eine Reportage ist ein Sachtext. Sie informiert über ein Ereignis.
- Eine Reportage muss die dargestellten Tatsachen unverfälscht wiedergeben.
- Im Gegensatz zu einem Bericht darf und soll eine Reportage das Ereignis lebendig darstellen. Zuhörer und Leser sollen das Gefühl haben, dabei zu sein.
- Eine Reportage stellt Ereignisse anschaulich dar. Sie informiert z. B. über auffällige Einzelheiten und die Atmosphäre.
- Eine Reportage erlaubt Zitate der Beteiligten, da sie ihre Stimmung authentisch zeigen.

Hauptmerkmal einer Reportage ist die Sprechhaltung des Reporters:

- Der Reporter will durch seinen Bericht Neugier wecken und Spannung erzeugen.
- Er schildert seine Sinneseindrücke und persönlichen Gefühle.
- Er lässt seine subjektive Einschätzung einfließen, durchaus auch temperamentvoll.

Leipziger Buchmesse aktuell: Autorenlesung mit Hindernis

Hier meldet sich das Dritte Hörfunkprogramm. Wir befinden uns im großen Vortragssaal der Leipziger Buchmesse. Der Raum ist bis auf den letzten Platz gefüllt. Die meisten Zuhörer sind Schüler der Mittelstufe, die in Gruppen mit ihren Deutschlehrern gekommen sind. Bestimmt haben sie die letzte Neuerscheinung der Autorin im Unterricht gelesen und sollen sie nun leibhaftig zu Gesicht und zu Gehör bekommen.

Noch herrscht Pausenstimmung im Saal. Alle tuscheln, plaudern oder lachen. Hier fällt eine Tasche um, und dort schaltet jemand sein Handy aus. Jetzt wird es still. Eine Dame kommt durch einen Seiteneingang auf die Bühne. Sie verbeugt sich zum Publikum hin. Die ist aber charmant! Sie lächelt freundlich, und man merkt, dass dies nicht ihre erste Lesung ist. Souverän nimmt sie an einem kleinen Tisch Platz und greift in ihre Tasche. Aber – nanu? Sie stutzt. Wirklich, sie wirkt jetzt ein wenig irritiert. Sie greift tiefer in die Tasche. Mein Gott, es wird immer wahrscheinlicher... Nun ist es eindeutig: Sie hat ihr Manuskript vergessen.

Ist das peinlich! Da lädt eine bekannte Jugendbuchautorin zu einer öffentliche Lesung ein – und vergisst ihren Text! Meine Damen und Herren, möchten Sie in ihrer Haut stecken?

Im Saal bleibt es ruhig; aber man spürt, alle fiebern mit. Zieht sie gleich das Manuskript heraus? Da pfeift jemand. Ein anderer ruft etwas in den Raum. Das kann ja heiter werden! Meine Damen und Herren, Sie hören es im Hintergrund: Es herrscht wieder Pausenstimmung, diesmal aber etwas unruhiger.

Doch was ist das? In der vorletzten Reihe erhebt sich ein Herr und geht langsam zur Bühne. Sie schaut erleichtert auf, als er ihr lächelnd einen Text auf den Tisch legt. Das war aber Hilfe in letzter Minute!

24 Im Saal wird es wieder still, und die Lesung beginnt, als sei nichts geschehen ...

Übung 1 **Lies die Reportage zweimal durch. Markiere dann mit einem Textmarker (orange) die Passagen, in denen das Geschehen objektiv dargestellt wird.**

Übung 2 **Unterstreiche nun die Stellen in den markierten Passagen, die besondere Einzelheiten darstellen, damit das Geschehen „Live"-Charakter erhält.**

Übung 3 **Unterstreiche mit einem Doppelstrich die Stellen, in denen die Stimmung, die Atmosphäre im Publikum deutlich wird.**

Übung 4 **Markiere mit einem anderen Textmarker (grün) die Passagen, die der Darstellung eine subjektive Einfärbung geben.**

Übung 5 **Unterstreiche nun auch die Stellen, die Spannung erzeugen.**

Übung 6 **Welche Satzzeichen sind äußere Signale dafür, dass der Reporter das Geschehen persönlich kommentiert?**

Die Satzzeichen .... und ....

in den Zeilen .... zeigen an, dass der Reporter persönlich an dem Geschehen interessiert und beteiligt ist.

Lösungen Seite 110

Abschlusstest (30 Minuten)

Kreuze jeweils die richtigen Antworten an:

Aufgabe 1 Ballade

	Ja	Nein
1. Ist Interpretieren dasselbe wie das Deuten eines Textes?	❏	❏
2. Gibt es ein festes Schema zum Interpretieren von Texten?	❏	❏
3. Hat eine Ballade lyrische Elemente?	❏	❏
4. Hat eine Ballade epische Elemente?	❏	❏
5. Hat eine Ballade (meist) dramatische Elemente?	❏	❏

Punkte: ☐ von 5

Aufgabe 2 Kurzgeschichte

	Ja	Nein
1. Muss eine Kurzgeschichte immer kurz sein?	❏	❏
2. Ist eine Kurzgeschichte eine Erzählung?	❏	❏
3. Enthält eine Kurzgeschichte meist eine Einleitung?	❏	❏
4. Enthält eine Kurzgeschichte meist einen Schluss?	❏	❏
5. Handeln Kurzgeschichten überwiegend von besonderen Menschen?	❏	❏

Punkte: ☐ von 5

Aufgabe 3 Reportage

	Ja	Nein
1. Ist eine Reportage eine Sonderform des Berichts?	❏	❏
2. Müssen in einer Reportage alle Tatsachen stimmen?	❏	❏
3. Darf der Reporter auch Einzelheiten mitteilen?	❏	❏
4. Darf der Reporter seine persönliche Meinung einfließen lassen?	❏	❏
5. Sind Zitate verboten?	❏	❏

Punkte: ☐ von 5

Punkte: ☐ von 15

10–15:	Kompliment! Du kennst dich gut aus.
5–9:	Vieles beherrscht du; manchmal bist du jedoch noch unsicher.
0–4:	Du hast noch nicht alles verstanden. Am besten liest du noch einmal die Seiten, auf denen die Regeln erklärt wurden.

Lösungen Seite 111

Weimar: Das Goethe-und-Schiller-Denkmal

6 Texte verändern

Viele große Texte der Weltliteratur behandeln Themen und Stoffe, die damals wie heute Gültigkeit haben. Sie wurden im Laufe der Zeit für die jeweilige Gegenwart umgedichtet. Das ist kein geistiger Diebstahl, sondern ein kreativer Umgang mit Texten. Literarische Texte werden oft verändert, z. B. bei Romanverfilmungen oder Hörspielproduktionen. Manchmal macht es auch einfach nur Freude, schöpferisch mit Texten umzugehen. Man baut seine eigenen Gedanken in ein schon vorhandenes Muster ein. Dabei lernt man den literarischen Ausgangstext sehr gut kennen, weil man ihn für eine gezielte Umgestaltung klar durchschauen muss. Hierzu soll in diesem Kapitel Gelegenheit gegeben werden.

6.1 Texte umdichten

Alles klar?! **Warum werden Texte umgedichtet?**

Umgedichtete Texte
- beziehen sich meist auf einen bekannten Originaltext,
- weichen bewusst mit eigenen Aussagen von der Vorlage ab,
- heben eigene Aussagen durch den indirekten Vergleich mit dem Originaltext hervor.

Die Sterntaler (Brüder Grimm)

Es war einmal ein kleines Mädchen, dem waren Vater und Mutter gestorben, und es war so arm, dass es kein Kämmerchen mehr hatte, darin zu wohnen, und kein Bettchen mehr hatte, darin zu schlafen, und endlich gar nichts mehr hatte als die Kleider auf dem Leib und ein Stückchen Brot in der Hand, das ihm ein mitleidiges Herz geschenkt hatte. Es war aber gut und fromm. Und weil es so von aller Welt verlassen war, ging es im Vertrauen auf den lieben Gott hinaus ins Feld. Da begegnete ihm ein armer Mann, der sprach: „Ach, gib mir etwas zu essen, ich bin so hungrig." Es reichte ihm das ganze Stückchen Brot und sagte: „Gott segne dir's", und ging weiter. Da kam ein Kind, das jammerte und sprach: „Es friert mich so an meinem Kopfe, schenk mir etwas, womit ich ihn bedecken kann." Da tat es seine Mütze ab und gab sie ihm. Und als es noch eine Weile gegangen war, kam wieder ein Kind und hatte kein Leibchen an und fror. Da gab es ihm seins. Und noch weiter, da bat eins um ein Röcklein, das gab es auch von sich. Endlich gelangte es in einen Wald, und es war schon dunkel geworden. Da kam noch eins und bat um ein Hemdlein, und das fromme Mädchen dachte: „Es ist dunkle Nacht, da sieht mich niemand, du kannst wohl dein Hemd weggeben", und zog das Hemd ab und gab es auch noch hin. Und wie es so stand und gar nichts mehr hatte, fielen auf einmal die Sterne vom Himmel, und es waren lauter harte blanke Taler: Und ob es gleich sein Hemdlein weggegeben, so hatte es ein neues an, und das war vom allerfeinsten Linnen. Da sammelte es sich die Taler hinein und war reich für sein Lebtag.

Großmutter erzählt das Märchen von den Sterntalern
(aus: Georg Büchners „Woyzeck")

Es war einmal ein arm Kind und hatt kein Vater und keine Mutter, war alles tot, und niemand mehr auf der Welt. Alles tot, und es ist hingangen und hat gesucht Tag und Nacht. Und weil auf der Erde niemand war, wollt's in Himmel gehen, und der Mond guckt es so freundlich an; und wie es endlich zum Mond kam, war's ein Stück faules Holz. Und da is es zur Sonn gangen, und wie es zur Sonn kam, war's ein verwelkt Sonneblum. Und wie's zu den Sternen kam, waren's kleine goldene Mücken, die waren angesteckt, wie der Neuntöter sie auf Schlehen steckt. Und wie's wieder auf die Erde wollt, war die Erde ein umgestürzter Hafen. Und es war ganz allein. Und da hat sich's hingesetzt und geweint, und da sitzt es noch und ist ganz allein.

Übung 1 **Inwiefern weicht das umgedichtete Sterntaler-Märchen vom Original ab? Beantworte die folgenden Fragen, schreibe in dein Heft.**

1. Wie stellt das Volksmärchen die Welt dar?
2. Wie stellt Büchners Märchen die Welt dar?
3. Was erreicht Büchner dadurch, dass sein Text ein ähnliches Handlungsmuster aufweist wie das bekannte Volksmärchen?

Übung 2 **Lies die folgende Fabel von Äsop. Ändere dann den Text so, dass am Ende der Fuchs der Dumme ist. Schreibe deine Umdichtung in dein Heft.**

Rabe und Fuchs (Äsop)

Ein Rabe hatte ein Stück Fleisch gestohlen und saß damit auf einem Baume. Der Fuchs sah ihn, und weil er sich das Fleisch aneignen wollte, lief er herbei und lobte den Raben. Er sei stattlich und schön, sagte er, und müsse deshalb König der Vögel werden und das würde durchaus auch geschehen, wenn er eine Stimme hätte. Der Rabe nun wollte beweisen, dass er eine Stimme besitze; er ließ darum das Fleisch fallen und krächzte laut. Da sprang der Fuchs herzu und packte das Fleisch.

6.2 Perspektive ändern

Alles klar?! **Auf den Standpunkt kommt es an**

- Erzählt man einen Text aus einer anderen Erzählperspektive, bleiben Handlungsverlauf und der Charakter der Figuren gleich. Man wechselt nur den Standort, aber erlebt dasselbe Geschehen.
- Wählt man die Erzählperspektive einer anderen beteiligten Figur, so sieht sie das Geschehen aus ihren Augen. Sie kennt eventuell andere Details und Informationen, die der erste Erzähler nicht wissen konnte.
- Bevor man eine Geschichte aus einer anderen Perspektive erzählt, muss man sich in die andere Person hineinversetzen.

Weimar ist eine kleine Stadt in Thüringen, die als Zentrum der „Weimarer Klassik" in die Geschichte eingegangen ist. Viele Jahre haben Goethe, Schiller und andere Persönlichkeiten diese Stadt geprägt, die als Residenzstadt damals eine besondere kulturelle Blüte erlebte. Goethe war u. a. lange Zeit Direktor des Hoftheaters und als Minister beruflich und privat mit dem Fürstenhof verbunden.

Übung 1 **Fanny Caspers war Schauspielerin am Weimarer Hoftheater, als Goethe Theaterdirektor war. Goethe hat ihr viele Jahre später dieses Gelegenheitsgedicht gewidmet.**

Johann Wolfgang von Goethe

In einer Stadt einmal (Goethe)
An Fanny Caspers

In einer Stadt einmal
Auf dem Stadthaus
Ein großer Saal
Darin ein lustig Mahl.

Unter den Gästen
Eine artige Maus,
Wie's bei solchen Festen
Geht, im Champagnersaus.
Sie hatte nicht so viel getrunken
Als Schiller, ich und alle,
Sie war mir aber um den Hals gesunken.
In keiner Falle
Fing man so lieblich Mäuschen;
Niedlich war sie, niedlicher im Räuschchen.
Ich hielt sie feste, feste,
Wir küssten uns auf's beste,
Doch wickelt sie sich heraus –
Fort war die Maus!
Die treibt sich in Osten und Süden;
Gott schenk' ihr Lieb' und Frieden.

Was mag Fanny Caspers wohl durch den Kopf gegangen sein, als sie diesen Text las? Lies Fanny Caspers mögliche Gedanken und unterstreiche die Stellen, die Goethe nicht wissen konnte.

„Ach ja, es ist schon lange her: Es war nach einer Theateraufführung, und wir feierten hinterher im Stadthaus-Restaurant. Ich saß neben Direktor Goethe. Schiller und die anderen waren auch dabei. Es war ein lustiger Abend. Und plötzlich hat es mich gepackt. Aus heiterem Himmel fiel ich meinem Direktor um den Hals. Er war sehr erstaunt – ich übrigens auch, weil es einfach so über mich gekommen war. Da lag ich nun an seinem Hals, und plötzlich küssten wir uns heftig. Aber so aufregend es war, es war mir aber doch peinlich. Ich glitt aus seiner Umarmung, entwand mich ihm und husch – weg war ich!"

Lösungen Seite 112

Übung 2 ★ **Die folgenden zwei Briefe sind aus der *Ich-Perspektive* geschrieben. Lies sie sorgfältig durch und schreibe das Ereignis anschließend aus der Perspektive des allwissenden Erzählers neu. Der *allwissende Erzähler* kann in alle Personen und Umstände hineinschauen und darf eigene Kommentare abgeben. Schreibe deinen Text in dein Heft.**

Lieber Vater!
Ich danke Ihnen für die Mineralien, die Sie mir heute geschickt haben. Diesen Morgen um halb sieben Uhr wurden wir durch Feuerlärm sehr schnell aus den Betten getrieben. Ich hielt anfangs das Stürmen für das Schlagen der Uhr, doch schienen mir die Schläge zu schnell aufeinander zu folgen; endlich sagte mir die Köchin, es wäre Feuer. Es brannte die Esse im Hause des Landkammerraths Rühlemann. Das Feuer wurde aber bald gelöscht. Ich bin nicht sehr erschrocken, aber die Mutter war in großer Angst. Leben Sie recht wohl.

Weimar, den 10. März 1802

Brief von Goethes 12-jährigem Sohn August an den Vater, der sich in Jena aufhielt.

CHRISTIANE und AUGUST

Zu demselben Ereignis schrieb Augusts Mutter an Goethe.

Lieber Schatz, stell' dir vor, heute morgen gab es um halb sieben in Weimar Feueralarm. August hielt ihn, wie er mir später erzählte, für das Schlagen der großen Uhr; aber ich wusste sofort, was so viele schnelle Schläge zu bedeuten hatten. Du kannst dir vorstellen, wie aufgeregt ich war. Ich hatte riesige Angst, dass das Feuer in unsere Nähe kam und auch uns gefährlich werden könnte. Ich schickte die Köchin zu August, dass er sich schnell anziehen sollte. Zum Glück wurde das Feuer bald gelöscht. Es war bei der Esse im Haus von Landkammerrath Rühlemann ausgebrochen.

Lösungen Seite 112

Übung 3 **Der folgende Text handelt vom Schlittschuhlaufen. Formuliere den Text aus der Sicht der Herzogin in der Ich-Perspektive neu und schreibe ihn in dein Heft.**

Schlittschuhlaufen (Karl Wilhelm von Lyncker, Weimar 1780)

Das Schlittschuhlaufen war schon in den ersten Regierungsjahren des Herzogs Sitte und zu einer fortlaufenden Hofvergnügung geworden. Der Rittmeister v. Lichtenberg (...) war Meister in dieser Kunst. Goethe, der es in seiner Vaterstadt erlernt hatte, fand auch viel Gefallen daran. Den Teich im Baumgarten, welcher damals noch der Herrschaft gehörte, (...) benutzte man zu dieser Kunst. Es ward ein Häuschen darauf errichtet und allen Honoratioren der Zutritt gewährt. Der Herzog selbst fuhr eine Zeit lang fast täglich; auch die regierende Herzogin, die Frau v. Stein und mehrere andere Damen erlernten es, und es war eine Freude, die Durchlauchtige Frau mit vollem Anstand über das Eis schweben zu sehen.

Lösungen Seite 113

6.3 Textart wechseln

Alles klar?! Merkmale verschiedener Textarten beachten

- Formt man einen Text in eine andere Textart um, muss man den Handlungsverlauf und den Charakter der Figuren beibehalten.
- Dazu muss man beachten, welche Anforderungen die neu gewählte Textart stellt (vgl. Einleitung zu Kapitel 3):
  - Zum Wesen eines lyrischen Textes gehört: Er gibt (meist) Einblicke in das persönliche Fühlen und Denken des lyrischen Ichs.
  - Zum Wesen eines epischen Textes gehört: Er erzählt eine Geschichte.
  - Zum Wesen eines dramatischen Textes gehört: Er gestaltet eine Szene in Form von Rede und Gegenrede (Dialog/Gespräch).

Übung 1 Blättere zurück zu Kapitel 6.2. Welche Übung passt auch als Übung für dieses Kapitel? Begründe deine Antwort.

Übung .... aus Kapitel 6.2 könnte auch eine Übung für dieses Kapitel sein, denn

....

....

....

Übung 2 Lies noch einmal Augusts Brief aus Kapitel 6.2 (Übung 2) sorgfältig durch und vergleiche die folgende szenische Umsetzung mit dem Original. Was gibt es zu beanstanden? Schreibe dein Ergebnis in dein Heft.

In Goethes Haus morgens um halb sieben: Der 12-jährige August schläft noch. Man hört schnelles, lautes Schlagen aus der Ferne. August richtet sich erschrocken auf und will aus dem Bett springen. Plötzlich hält er inne, horcht noch einmal hin und beruhigt sich: „Ach, es schlägt ja nur die Uhr." Dann kuschelt er sich wieder in seine Kissen. In diesem Augenblick reißt die Köchin die Tür auf: „August, August, schnell aufstehen. Es ist Feueralarm!"

Lösungen Seite 113

Übung 3 **Der Text aus Übung 3 des Kapitels 6.2 wird im Original so fortgesetzt:**

Die Korona Schröter hatte viel Fertigkeit darin erlangt; ihre schöne Figur nahm sich dabei vortrefflich aus. Mancherlei Frühstücke wurden dabei teils von den Herrschaften, teils von andern vom Stande gegeben. Als aber später hier die Schwanenseewiesen überschwemmt wurden, gab der Herzog dort größere Feste, sogar Eis-Maskeraden und Illuminationen, denen die Durchlauchtigsten Damen und der Adel beiwohnten.

Wir Knaben erschienen gewöhnlich nur zweimal die Woche, um unsere Lehrstunden nicht zu sehr vernachlässigen, und der Herzog sowie Goethe, ließen uns Kunststücke erlernen. Wir mußten nämlich in vollem Schlittschuhfahren Äpfel mit bloßen Degenspitzen aufspießen, über Stangen springen, wurden gleich Hasen mit Parforcepeitschen gehetzt; ja man schoss aus nur mit Pulver geladenen Pistolen hinter dem flüchtigen Wilde drein, welches für uns die größte Lust war.

Forme den Text ab Zeile 6 so um, dass aus der *Erzählung* ein nüchterner *Sachtext* wird. Wähle die Perspektive eines Zuschauers, der vom Rand aus die „Kunststücke" (Zeile 7) der Jungen beobachtet. Da die Erzählung bereits recht sachlich geschrieben ist, kannst du vieles wörtlich in deinen Sachtext übernehmen. Schreibe den Text in der neuen Textart in dein Heft.

Sacherklärungen:
Korona Schröter:
eine Schauspielerin am Weimarer Hoftheater
Parforcepeitschen:
Peitschen bei der Hetzjagd zu Pferde

Lösungen Seite 113

Abschlusstest (30 Minuten)

Kreuze jeweils die richtigen Antworten an:

Aufgabe 1

	Ja	Nein
1. Sind viele Themen der Weltliteratur zu allen Zeiten aktuell?	❏	❏
2. Gibt es bekannte Umdichtungen der Weltliteratur?	❏	❏
3. Müssen Original und Umdichtung dieselbe Aussage haben?	❏	❏
4. Ist das Verfilmen eines Romans auch eine Umdichtung?	❏	❏
5. Werden beim Umdichten oft eigene Gedanken in die Textvorlage eingebaut?	❏	❏

Punkte: ☐ von 5

Aufgabe 2

	Ja	Nein
1. Ist ein Standortwechsel dasselbe wie ein Wechsel der Erzählperspektive?	❏	❏
2. Darf man beim Wechsel der Erzählperspektive den Handlungsverlauf ändern?	❏	❏
3. Darf man den Charakter der Figuren ändern?	❏	❏
4. Darf man etwas hinzufügen, wenn man ein Ich-Erzähler wird?	❏	❏
5. Darf man etwas hinzufügen, wenn man ein allwissender Erzähler wird?	❏	❏

Punkte: ☐ von 5

Aufgabe 3

	Ja	Nein
1. Darf man beim Wechsel der Textart den Handlungsverlauf ändern?	❏	❏
2. Darf man beim Wechsel der Textart den Charakter der Figuren ändern?	❏	❏
3. Geben die meisten Gedichte Einblicke in das Fühlen und Denken des lyrischen Ichs?	❏	❏
4. Erzählen epische Texte immer eine Geschichte?	❏	❏
5. Ist ein Dialog ein Gespräch mit Rede und Gegenrede?	❏	❏

Punkte: ☐ von 5

Punkte: ☐ von 15

10–15: Kompliment! Du kennst dich gut aus.
5–9: Vieles beherrscht du; manchmal bist du jedoch noch unsicher.
0–4: Du hast noch nicht alles verstanden. Am besten liest du noch einmal die Seiten, auf denen die Regeln erklärt wurden.

Lösungen Seite 114

Hamburg: Containerhafen

7 Rechtschreibung beherrschen

Verbindliche Rechtschreibregeln für die deutsche Sprache wurden erst Ende des 19. Jahrhunderts festgelegt. Davor schrieb man regional sehr unterschiedlich, oft bestimmten Dialekteinflüsse oder auch große Druckereien, wie einzelne Wörter geschrieben wurden. Je mehr Menschen eine Schulausbildung erhielten und je mehr geschrieben und gedruckt wurde, desto wichtiger wurden allgemeingültige Rechtschreibregeln für das Textverständnis. Dieses Kapitel wiederholt einige Hauptregeln der deutschen Rechtschreibung.

7.1 Faustregeln

Alles klar?! **Kleine Tipps mit großer Wirkung**

Viele Rechtschreibfehler lassen sich vermeiden, wenn du vier Faustregeln beachtest:

- **Faustregel 1: Grundform gesucht!**
  Oft lässt sich an der Grundform ablesen, wie die flektierte Form geschrieben wird. Beim Verb ist die Grundform der **Infinitiv**, beim Substantiv ist die Grundform der **Nominativ Singular**.

*(er) ban**g**t*	– Inf. *ban**g**en*	*(die) L**ä**nder*	– Nom. Sg. *(das) L**a**nd*
*(sie) wan**k**t*	– Inf. *wan**k**en*	*(die) H**äu**ser*	– Nom. Sg. *(das) H**au**s*
*(es) drän**g**t*	– Inf. *drän**g**en*	*(die) H**ä**nde*	– Nom. Sg. *(die) H**a**nd*

- **Faustregel 2: Abgucken erlaubt!**
  Da (fast) alle Wörter derselben Wortfamilie gleich geschrieben werden, kann man bei einem verwandten Wort die richtige Schreibweise abgucken.

*Bün**d**nis*	–	*bin**d**en*
*verlä**ss**lich*	–	*verla**ss**en*
*able**s**bar*	–	*le**s**en*

- **Faustregel 3: Nachdenken erwünscht!**
  Zusammengesetzte Wörter lassen sich leicht schreiben, wenn man sich den Sinn ihrer Bauteile klarmacht.

***ent**täuscht*	(Vorsilbe *ent-*)	– aber	***end**los*	(von *Ende*)
*Schick**sal***	(Nachsilbe *-sal*)	– aber	*Tanz**saal***	(von *Saal*)
***Ver**nunft*	(Vorsilbe *-ver*)	– aber	***fer**tig*	

- **Faustregel 4: Verlängern empfohlen!**
  Wie der letzte Buchstabe eines Wortes geschrieben wird (der Auslaut), hört man meistens, wenn man das Wort verlängert (durch Konjugation oder Deklination).

*(der) Ra**t***	–	*(des) Ra**t**es*	*(das) Ra**d***	–	*(des) Ra**d**es*
*(sie) ba**t***	–	*(sie) ba**t**en*	*(das) Ba**d***	–	*(des) Ba**d**es*
*(der) Mu**t***	–	*(des) Mu**t**es*	*(er) lu**d** (ein)*	–	*(sie) lu**d**en (ein)*

Übung 1 **Ergänze die fehlenden Buchstaben im Sinne der angegebenen Regel:**

Faustregel 1: Grundform gesucht!

Der Matrose win.....t. Infinitiv ....

Der Sturm zwin.....t die Passagiere, unter Deck zu bleiben. Infinitiv ....

Faustregel 2: Abgucken erlaubt!

Der Kapitän braucht gute Navigationske.....tnisse. Abgucken von ....

Im Hamburger Hafen gibt es nachwei.....lich viele Container. Abgucken von ....

Faustregel 3: Nachdenken erwünscht!

Vor U.....zeiten war hier noch Wasser. Wortbaustein ....

Ebbe und Flut sind pünktlich wie die U.....zeiten. Wortbaustein ....

Faustregel 4: Verlängern empfohlen!

Mein Freund rie..... mir zu einer Hafenrundfahrt. Verlängerung ....

Die Barkasse vermie..... es, zu weit auf die Elbe zu fahren. Verlängerung ....

Übung 2 **Setze die fehlenden Buchstaben ein und schreibe die entsprechende Faustregel in dein Heft.**

d oder t? Sein En.....schluss steht fest. Wusstet ihr schon Beschei.....?

b oder p? Sie baten um Erlau.....nis. Das Holz trie..... an Land.

s oder ss? Der Wind blä.....t stark. Du mu.....t sehr aufpassen.

äu oder eu? Die Kabine ist sehr ger.....umig. Die Schiffsglocke l.....utet.

Übung 3 **Wie könnte eine fünfte Faustregel lauten, die dir beim Schreiben der folgenden Wörter hilft? Versuche sie selbst zu finden und schreibe sie in dein Übungsheft.**

verrei**s**en/zerrei**ß**en – **D**eich/**T**eich – S**ee**mann/S**ä**mann

Lösungen Seite 115

7.2 Groß- und Kleinschreibung

Alles klar?! **Groß-/Kleinschreibung bei Substantiven**

Bekanntlich werden Substantive großgeschrieben, Adjektive und Verben klein. Das kann sich aber je nach Verwendung des Wortes im Satz ändern.

- Substantive in festen Verbindungen mit einem Verb werden großgeschrieben.
  → *Rad fahren – Schlittschuh laufen – Anteil nehmen*
- Bei einigen Verben kann man die Schreibweise wählen.
  → *Recht haben/recht haben – Acht geben/achtgeben*
- Einige Substantive, die mit dem Hilfsverb *sein* oder *werden* in fester Verbindung stehen, werden kleingeschrieben.
  → *schuld sein – ernst werden – leid sein*

Übung 1 **Kombiniere die folgenden Wörter zu gebräuchlichen festen Verbindungen von Substantiv und Verb.**

Folge	fassen
Schlange	leiden
Fuß	leisten
Schatten	stehen
Not	spenden
Rätsel	spielen
Tennis	raten

Übung 2 ★ **Nanu? Die folgenden Wörter sind richtig geschrieben! Handelt es sich dabei nicht auch um Substantive in fester Verbindung mit Verben?**

Formuliere selbst eine Rechtschreibregel für solche Sonderfälle und schreibe sie in dein Übungsheft. Kontrolliere deine Regel anschließend im Lösungsteil.

eislaufen – kopfstehen – notlanden – bergsteigen
danksagen – schlussfolgern – bruchlanden – brustschwimmen

Lösungen Seite 115–116

Übung 3 **Entscheide dich für die richtigen Anfangsbuchstaben und streiche die falschen durch.**

Wenn deine Freunde dir erzählten, man könne zu Fuß unter der Elbe hindurchwandern, haben sie R/recht?
Jeder weiß zwar, dass man die Elbe in einem Autobahntunnel unterqueren kann, der oft S/schuld daran ist, dass man auf dem Weg an die See im Stau nervös wird. Aber niemand darf dort zu Fuß gehen; es würde ihm auch A/angst und B/bange werden angesichts des brausenden Verkehrs und der Abgase um ihn herum. Dennoch haben deine Freunde R/recht. Es gibt nämlich einen alten Elbtunnel, durch den man gemütlich gehen kann, wenn das Erlebnis einem W/wert ist, 448 m zu Fuß zu gehen.

Alles klar?! **Groß-/Kleinschreibung bei Adjektiven**

Adjektive werden großgeschrieben, wenn man sie in ein Substantiv verwandelt (Substantivierung bzw. Nominalisierung). Dies geschieht durch Voranstellung

- eines Artikels. → *Das Wichtigste beim Lernen ist die Motivation.*
- eines Pronomens. → *Mit welchem Neuen wollen wir beginnen?*
- eines unbestimmten Zahlworts. → *Täglich gibt es etwas Interessantes zu entdecken.*

Adjektive in festen Verbindungen mit einer Präposition werden großgeschrieben.
→ *im Allgemeinen – im Folgenden – im Übrigen*

Achtung! Hier gibt es einige Ausnahmen, die man sich einzeln einprägen muss.
→ *von nah und fern – von Weitem – seit Langem – seit Kurzem*

Übung 4 **Setze die fehlenden Buchstaben ein. Überlege, welcher der Sätze ein Kuckucksei ist, also eigentlich nicht in diese Übung gehört.**

Das .....gewöhnliche an Hamburg ist der Hafengeburtstag.

Besonders gelungen ist er, wenn das .....lau des Himmels

die prächtige Kulisse in ein warmes Licht taucht.

Windjammer, Dampfschiffe und Kutter bieten herrliche

Eindrücke, die auch für Landratten etwas .....esonderes

sind. Am .....eisten werden die großen Segelschiffe von

den Zuschauern bewundert.

Lösungen Seite 116

Übung 5 **Bei Übung 3 war zu lesen: *Entscheide dich für die richtigen Anfangsbuchstaben und streiche die falschen durch.* Warum wurde hier das Wörtchen *falschen* kleingeschrieben, obwohl davor ein Artikel steht?**
Finde selbst eine Regel, die dieses Problem klären könnte. Schreibe sie in dein Übungsheft und kontrolliere anschließend im Lösungsteil, ob sie zutreffend ist.

Übung 6 **Streiche die falschen Buchstaben durch und entscheide jeweils, ob die Verbindung von Adjektiv und Präposition der Normalfall ist (Großschreibung der Adjektive) oder der Ausnahmefall (Kleinschreibung der Adjektive). Kreuze dann die passende Erklärung an.**

	Normalfall: Großschreibung der Adjektive	**Ausnahmefall: Kleinschreibung der Adjektive**
Seit L/langem feiern die Hamburger den Geburtstag ihres Hafens.		
Besucher von N/nah und F/fern kommen dann in die Hansestadt.		
Auch wenn manchmal Hamburger „Schmuddelwetter“ ist, sind die Zuschauer im A/allgemeinen sehr begeistert.		
Das liegt im W/wesentlichen an den zahlreichen Großseglern, die man schon von W/weitem sieht.		
Dies ist nicht im G/geringsten ein alltäglicher Anblick.		

Lösungen Seite 116

Alles klar?! **Groß-/Kleinschreibung bei Verben**

Auch Verben können zu Substantiven werden:
- nach einem Artikel → <u>das</u> *Malen,* <u>das</u> *Singen,* <u>das</u> *Turnen*
- nach einer Präposition → <u>mit</u> *Lernen,* <u>beim</u> *Sprechen,* <u>zum</u> *Wiederholen*

Verben werden kleingeschrieben, wenn sie als Infinitiv mit *zu* verwendet werden.
→ *zu rechnen – zu lesen – zu schreiben*

Übung 7 **Ersetze die unterstrichenen Satzteile durch eine Formulierung mit Präposition und Verb. Achte dabei besonders auf den Anfangsbuchstaben des Verbs.**

Viele Hamburger finden sich abends, ***<u>um ein wenig zu träumen,</u>*** am Ufer der Elbe ein.

zum ....

Ihnen gefällt auch die Stimmung, ***<u>wenn sie durch die Alsterfleete fahren.</u>***

beim ....

....

<u>Weil die Boote sacht schaukeln,</u> ist so eine Fahrt sehr beruhigend.

Durch ....

....

Übung 8 **Ergänze die fehlenden Buchstaben und notiere die Regel, die bei deiner Entscheidung nützlich war.**

1. Wenn man ein wenig Zeit hat, lohnt es sehr, das Hamburger Container-Terminal

   zu .....esuchen.

2. Das .....ntladen der riesigen Container ist eine technisch-logistische Höchstleistung.

3. Beim .....urchführen zahlreicher Arbeitsschritte läuft alles automatisch ab, ohne dass
   ein Mensch anwesend ist, um die Prozesse zu .....teuern.

4. Natürlich ist das .....etreten des gesamten Areals für Unbefugte verboten.

5. Aber auch aus der Ferne ist es faszinierend, den Organisationsablauf zu .....erfolgen.

Lösungen Seite 117

7.3 Zusammen- und Getrenntschreibung

Alles klar?! **Wiederholung Zusammen- und Getrenntschreibung**

- Wortverbindungen, bei denen jedes einzelne Wort eine eigene Bedeutung hat, werden getrennt geschrieben.
  → *gemeinsam verreisen, Nordseeinsel Sylt, Hamburger Dom*
- Wortverbindungen, die zu einem einzigen Begriff verschmolzen sind, werden zusammengeschrieben.
  → *Wettervorhersage, hellgrün, weitergehen*

Zusammen- und Getrenntschreibung bei der Verbindung von zwei Verben

- Die Verbindung von zwei Verben wird in der Regel getrennt geschrieben.
  → *laufen lassen – schätzen lernen – einkaufen gehen*
- Bei der Verbindung von *kennen* und *lernen* kann man die Schreibweise selbst bestimmen.
  → *kennen lernen/kennenlernen*
- Das gilt auch für die Verbindung eines Verbs mit dem Verb *lassen* oder *bleiben*, falls beide Verben zu einem einzigen Begriff verschmolzen sind.
  → *Ich habe meinen Schirm stehen lassen/stehenlassen. Die U-Bahn ist stecken geblieben/steckengeblieben.*

Übung 1 **Übertrage die Satzschlangen in der richtigen Schreibweise in dein Übungsheft. Achte dabei vor allem auf die Verb-Verb-Verbindungen.**

WENNMANEINESTADTKENNENLERNENMÖCHTE, MUSSMANSICHZEITNEHMEN.
MANDARFSICHRUHIGEINWENIGTREIBENLASSEN, WENNMANSPAZIERENGEHT.
DANNKANNMANALLESBESSERAUFSICHWIRKENLASSEN.
MANCHMALMÖCHTEMANEINFACHAUFEINERBANKSITZENBLEIBENUNDALLESBEOBACHTEN.
INHAMBURGGIBTESDAZUAMJUNGFERNSTIEGMANCHEGELEGENHEIT, WENNMANDIEBINNEN-ALSTERSCHÄTZENGELERNTHAT.

Lösungen Seite 117

Übung 2 **Bei der Verbindung eines Verbs mit dem Verb *lassen* oder *bleiben* kann man wählen, ob man die Wörter zusammenschreibt oder getrennt, wenn sie zu einem einzigen Begriff verschmolzen sind. Prüfe dein Sprachgefühl und erkläre die Bedeutung folgender Verb-Verb-Verbindungen:**

	Bedeutung der unterstrichenen Wörter
Das möchte ich mir nicht ***bieten lassen/bietenlassen***.	....
Er hat sich einfach ***fallen lassen/fallenlassen***.	....
Der Verkäufer hat uns ***wissen lassen/wissenlassen***.	....
Sie haben ihren Hund ***laufen lassen/laufenlassen***.	....

Alles klar?! **Zusammen- und Getrenntschreibung bei der Verbindung von Adjektiv und Verb**

- Die Verbindung von Adjektiv und Verb wird meist getrennt geschrieben.
  → *grün anstreichen – laut lachen – klar aussprechen*
- Ist das Adjektiv ein einfaches Adjektiv und drückt es das Ergebnis aus, das sich aus dem Vorgang im Verb ergibt, so darf man wählen, ob man die Verbindung zusammen- und getrennt schreibt.
  → *sauber machen/saubermachen* („*sauber*" ist das Ergebnis des Tuns)
  → *klein schneiden/kleinschneiden* („*klein*" ist das Ergebnis des Schneidens)
- Ist das Adjektiv erweitert oder abgeleitet, sind Adjektiv und Verb getrennt zu schreiben.
  → *ganz sauber machen* (Das Wort *sauber* ist um das Wörtchen *ganz* erweitert.)
  → *schmutzig machen* (Das Wort *schmutzig* ist vom Substantiv *Schmutz* abgeleitet.)

Übung 3 **Korrigiere die Fehler in den folgenden Sätzen, indem du Adjektiv und Verb bei Bedarf durch einen senkrechten Strich trennst.**

Weil ein Stadtbummel hungrigmacht, wollten wir essen gehen.
Langsambummelten wir am Hafen entlang und fanden schließlich ein blankpoliertes Schild, das in eine Pizzeria einlud.
Es schmeckte so gut, dass alle den Teller leergegessen haben.

Lösungen Seite 117–118

Abschlusstest (30 Minuten)

Aufgabe 1 **Ergänze die fehlenden Buchstaben und notiere jeweils die Faustregel (Seite 64), die bei deiner Entscheidung nützlich war.**

	Nützliche Faustregel:
1. Die Schiffsw......nde knirschen.	....
2. Die Schwimmwesten liegen berei......	....
3. Der Leuchtturm steht nicht weit en......fernt.	....
4. Die Sonne sin......t.	....
5. Das kleine Läm......chen brennt.	....

Punkte: ☐ von 5

Aufgabe 2 **Streiche die falsch geschriebenen Wortverbindungen durch und ordne die passende Regel durch Striche zu.**

Wortverbindungen	**Regel**
leid sein – Leid sein	Infinitiv mit zu
alles gute – alles Gute	Substantiv in fester Verbindung mit Hilfsverb sein
jeder dritte – jeder Dritte	Substantiv nach unbestimmtem Zahlwort
zum spielen – zum Spielen	Substantiv nach Pronomen
zu springen – zu Springen	Verb nach Präposition

Punkte: ☐ von 5

Aufgabe 3 **Streiche die falsch geschriebenen Wörter durch.**

1. Er hat mich hängenlassen/hängen lassen.
2. Sie hat sich gehenlassen/gehen lassen.
3. Wir sind schwimmengegangen/schwimmen gegangen.
4. Man müsste das Essen noch einmal warmstellen/warm stellen.
5. Jetzt habe ich das Essen zu warmgemacht/zu warm gemacht.

Punkte: ☐ von 5

Punkte: ☐ von 15

10–15:	Kompliment! Du kennst dich gut aus.
5–9:	Vieles beherrscht du; manchmal bist du jedoch noch unsicher.
0–4:	Du hast noch nicht alles verstanden. Am besten liest du noch einmal die Seiten, auf denen die Regeln erklärt wurden.

Lösungen Seite 118

Berlin: Das Brandenburger Tor

8

Grammatik durchschauen

Wie ist unsere Sprache aufgebaut? Du kennst längst alle wichtigen grammatischen Strukturen, den unsichtbaren „Bauplan“ der deutschen Sprache, und hast deine Kenntnisse schon oft angewendet. Aber von Zeit zu Zeit ist es sinnvoll, das Gelernte zu wiederholen, damit es ins Langzeitgedächtnis wandert. Zur Erinnerung behandeln die folgenden Seiten nochmals einige Besonderheiten der deutschen Grammatik.

8.1 Satzglieder

Alles klar?! Subjekt/Satzgegenstand

- Das **Subjekt** nennt die Person oder die Sache, über die etwas ausgesagt werden soll.
- Es ist sozusagen der „Kopf" bzw. Träger das Satzes, von dem die Handlung ausgeht.
- Man findet das Subjekt mit der Frage: *„Wer oder was?"*
  → *Ein echter Berliner liebt seine Stadt lebenslang.*

Übung 1 Unterstreiche die *Subjekte* der folgenden Sätze und finde heraus, in welchem Kasus/Fall sie jeweils stehen (Nominativ? Genitiv? Dativ? Akkusativ?).

Berlin ist eine turbulente Stadt. Ruhe kennen nur die Spaziergänger. Denn trotz der Häusermeere bietet sie auch viel Natur. Die Übrigen mögen die Geschäftigkeit einer Metropole. Und groß ist die Stadt wirklich.
Alle unterstrichenen Substantive stehen im ....

Lösungen Seite 119

Alles klar?! **Prädikat/Satzaussage**

- Das Prädikat enthält den **Kern der Aussage**, die wir über das Subjekt machen.
- Es nennt die Handlung, die vom Subjekt ausgeht und ist das „Organisationszentrum" im Satz.
- Man findet das Prädikat mit der Frage: *„Was wird über das Subjekt ausgesagt?"*
  → *Ein echter Berliner liebt seine Stadt lebenslang.*

Übung 2 **Unterstreiche die *Prädikate* der folgenden Sätze. Überlege, aus welchen Wortarten sie jeweils bestehen. Schreibe deine Antworten in die richtige Spalte der Tabelle.**

Die Berliner sind für ihre „freche Schnauze" bekannt. Sie kennen keine Langeweile. In Sachen Witz und Humor sind sie Weltmeister. Darauf sind sie stolz. In Zeiten der Teilung der Stadt war es jedoch manchmal Galgenhumor. Lebensfreude macht eben stark.

Vollverb	Hilfsverb mit Adjektiv	Hilfsverb mit Substantiv

Lösungen Seite 119

Alles klar?! **Objekt/Satzergänzung**

- Objekte haben die Aufgabe, die Aussage des Prädikats zu **ergänzen**. Sie sind daher logisch immer auf das Prädikat bezogen.
- Man fragt nach einem Objekt meistens: *„Wen oder was?"* oder *„Wem?"* oder *„Wessen?"*
  → *Ein echter Berliner liebt seine Stadt lebenslang.* (Akkusativobjekt)

Übung 3 **Unterstreiche und bestimme die *Objekte* im folgenden Text.**

Die Berliner geben vielen Gebäuden einen besonderen Namen. Mit dem „Langen Lulatsch" meinen sie den Funkturm und einem Kongresssaal haben sie den Spitznamen „Schwangere Auster" gegeben. Gegenüber Touristen bedürfen diese Bezeichnungen meist einer näheren Erklärung. Sie erinnern sich aber gerne der lustigen Namen.

Genitivobjekt	Dativobjekt	Akkusativobjekt

Lösungen Seite 119

Alles klar?! **Adverbiale Bestimmung/Umstandsbestimmung**

- Adverbiale Bestimmungen **erläutern** das Prädikat. Sie geben die näheren Umstände an, unter denen etwas geschieht. Daher beziehen auch sie sich logisch immer auf das Prädikat.
- Man fragt nach einer adverbialen Bestimmung: *„Wann?“* oder *„Wo?“* oder *„Warum?“* oder *„Wozu?“* oder *„Womit?“* usw.
  → *Ein echter Berliner liebt seine Stadt lebenslang*. (adverbiale Bestimmung der Zeit)

Übung 4 **In jedem der folgenden Sätze kommt eine adverbiale Bestimmung vor. Unterstreiche sie und schreibe dahinter, um welche Art es sich dabei handelt.**

1. In Berlin ist der Puls der Welt spürbar.

2. Oft sieht man an öffentlichen Gebäuden internationale Fahnen.

3. Wegen der schönen Aussicht lohnt ein Besuch der Reichstagskuppel.

4. Große Museen laden zum Verweilen ein.

5. Viele Besucher tun dies gern.

In Satz 1 steht eine adverbiale Bestimmung ....

In Satz 2 steht eine adverbiale Bestimmung ....

In Satz 3 steht eine adverbiale Bestimmung ....

In Satz 4 steht eine adverbiale Bestimmung ....

In Satz 5 steht eine adverbiale Bestimmung ....

Alles klar?! **Attribut/Beifügung**

- Attribute haben eine dienende Funktion. Sie beschreiben Substantive genauer und sind keine eigenständigen Satzglieder.
- Man fragt nach Attributen: *„Was für ein?“*
  → *Ein echter Berliner liebt seine Stadt lebenslang.*

Lösungen Seite 119

Übung 5 **Frage zunächst nach jedem einzelnen Satzglied der beiden folgenden Sätze und bestimme sie dann.**

	Frage	Satzglied
Viele Schulklassen		
machen		
eine Klassenfahrt		
nach Berlin.		
Bei guter Vorbereitung		
erlebt		
man		
viel Interessantes.		

Übung 6 ★ **Die folgende Grafik stellt die logischen Zusammenhänge zwischen allen Satzgliedern des Beispielsatzes dar: *Ein echter Berliner liebt seine Stadt lebenslang.* Leider enthält die Grafik einen Fehler. Finde und korrigiere ihn.**

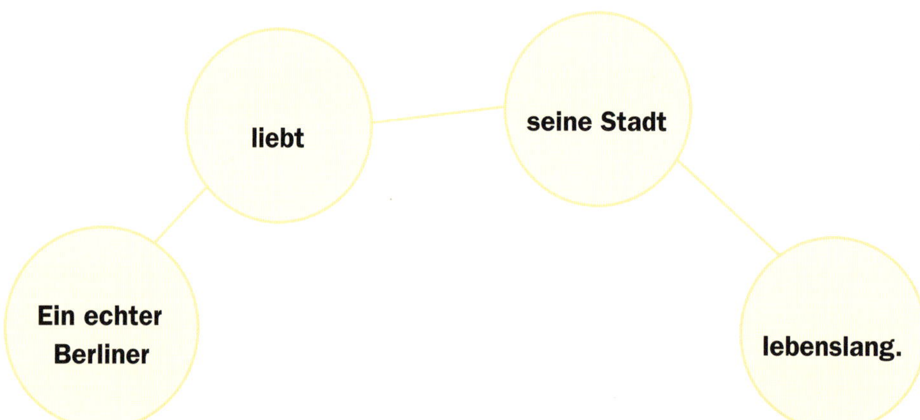

Alles klar?! **Satzbauplan**

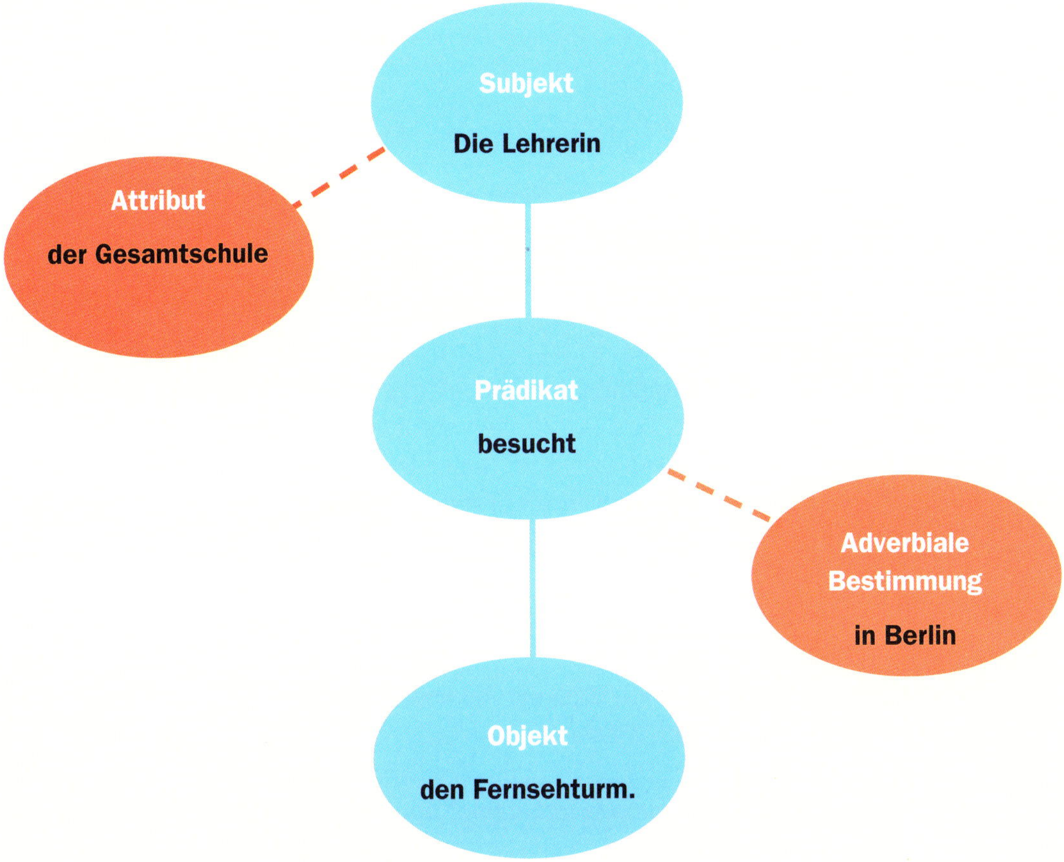

Die verschiedenen Satzteile und wie man nach ihnen fragt:

Subjekt
Wer oder was?

Prädikat
Was wird über das Subjekt ausgesagt?

Objekt
Akkusativobjekt: *Wen oder was?*
Dativobjekt: *Wem?*
Präpositionales Objekt: *Fragewort mit eingeschlossener Präposition*

Attribut
Was für ein?
Adjektivisches Attribut
Genitivattribut
Apposition
Präpositionales Attribut
Adverbiales Attribut

Adverbiale Bestimmung
des Ortes: *Wo? Woher? Wohin?*
der Zeit: *Wann? Wie lange? Bis wann?*
des Grundes: *Warum? Weshalb? Aus welchem Grund?*
des Zwecks: *Wozu? Zu welchem Zweck?*
der Bedingung: *Unter welcher Bedingung?*
des Mittels: *Womit? Wodurch?*
der Folge: *Mit welchen Folgen?*
der Einräumung: *Trotz welcher Voraussetzung?*

8.2 Aktiv und Passiv

Alles klar?! **Aktiv und Passiv**

Man verwendet das Aktiv,

- wenn man seinen Blick auf die handelnde Person richtet.
- Es ist wichtig, von wem die Handlung ausgeht. Der Urheber steht im Subjekt.
  → *Ich packe meine Reisetasche.* (Das Subjekt tut etwas.)

Man verwendet das Passiv,

- wenn man seinen Blick auf die Handlung richtet.
- Es ist wichtig, was sich ereignet. Das Geschehen steht im Prädikat.
  → *Meine Reisetasche wird gepackt.* (Mit dem Subjekt wird etwas gemacht.)
  Das Passiv wird gebildet aus dem Hilfsverb *werden* („wird") und dem *Partizip Perfekt* (z. B. „gepackt").

- Nur transitive Verben (d. h. Verben, die ein Akkusativobjekt bei sich haben können) können eine Passiv-Form bilden.
  → *Du kaufst unsere Fahrkarte.* (Aktiv-Satz mit Akkusativobjekt)
  → *Unsere Fahrkarte wird gekauft.* (Passiv-Satz)
  Aber:
  → *Der Zug fährt um 10.14 Uhr vom Hauptbahnhof ab.* (Es ist kein Passiv-Satz möglich.)

Wie du weißt, sind **Verben** im Satz recht beweglich (in der Sprache der Grammatik heißt das **flexibel**).

Man kann bei der **Konjugation**/der Beugung das Tempus/die Zeit wählen:

Präsens/Gegenwart	z. B. ***er zieht***
Präteritum/Vergangenheit	z. B. ***er zog***
Futur I /Zukunft	z. B. ***er wird ziehen***
Perfekt/vollendete Gegenwart	z. B. ***er hat gezogen***
Plusquamperfekt/vollendete Vergangenheit	z. B. ***er hatte gezogen***
Futur II/vollendete Zukunft	z. B. ***er wird gezogen haben***

Auch stehen verschiedene Arten des **Modus**/der Aussageweise zur Verfügung:

Indikativ/Wirklichkeitsform	z. B. ***er zieht***
Konjunktiv/Möglichkeitsform	z. B. ***er ziehe, er zöge***
Imperativ/Befehlsform	z. B. ***zieh! zieht!***

Übung 1 **Prüfe, ob die Verben in den folgenden Sätzen im Aktiv oder im Passiv stehen, und kreuze die richtige Antwort an.**

	Verb im Aktiv	Verb im Passiv
Hand aufs Herz: Wenn du eine Stadt nennen solltest,	❑	❑
auf deren Stadtgebiet du am Strand liegen kannst,	❑	❑
wäre dir wohl kaum Berlin eingefallen.	❑	❑
Es stimmt aber:	❑	❑
Mitten in Berlin wird im Wannsee gebadet,	❑	❑
und man kann am Strand in der Sonne liegen.	❑	❑
Dort wird auf weichem Sand Beachball gespielt	❑	❑
und Strandkörbe werden zur Sonne ausgerichtet.	❑	❑

Übung 2 **Schreibe den folgenden Text in dein Übungsheft. Forme die Aktiv-Sätze in Passiv-Sätze um. Was wird dabei aus den Akkusativobjekten?**

Viele Erholungssuchende lieben die zahlreichen Seen in und um Berlin. Havel und Spree bilden ein verzweigtes Wassernetz. Ausflugsdampfer bieten weite Reisen an. Mit kleinen Paddelbooten kann man auch idyllische Buchten erreichen. Buchen und Kiefern säumen viele Ufer.

Die Akkusativobjekte der Aktiv-Sätze werden durch die Umformung zu .... der Passiv-Sätze.

Übung 3 **Unterstreiche im folgenden Text die Verbformen, die im Passiv stehen. Achtung! Bei einem Satz musst du sehr aufpassen.**

Vom Ufer der Havel aus sieht man vor sich die Pfaueninsel liegen. Diese ungewöhnliche Insel wird von den Berlinern und ihren Gästen als Geheimtipp gepriesen. Sie wurde im 18. Jahrhundert von großen Landschaftsarchitekten geplant und gestaltet.
Wenn man sie heute nach einer kurzen Fahrt mit der Fähre erreicht, wird man in eine andere Welt versetzt: fast in eine Märchenwelt. Das malerische Schloss und die Ruinen, die romantischen Gärten, die exotischen Bäume und die vielen Pfauen, die der Insel ihren Namen gaben, wird man so schnell nicht vergessen.

Alles klar?! **Wann steht das Passiv?**

Das Passiv kann man wählen, wenn der Urheber einer Handlung

- unwichtig ist. → *Am Strand wurde ein Volleyballnetz gespannt.*
- unbekannt ist. → *Mein Fotoapparat wurde gestohlen.*
- verschwiegen werden soll. → *Das Diebesgut wurde im Internet angeboten.*

Lösungen Seite 120–121

8.3 Konjunktiv

Alles klar?! **Konjunktiv I (Konjunktiv Präsens)**

Konjunktiv I wird dann verwendet, wenn man sich nicht ganz sicher ist, ob das Gesagte den Tatsachen entspricht. Dies gilt vor allem für die indirekte Rede.
→ Sie sagt: *„Meine Freundin* ***fährt*** *nach Berlin."* (Direkte Rede im Indikativ)
→ *Sie sagt, ihre Freundin* ***fahre*** *nach Berlin.* (Indirekte Rede im Konjunktiv I)

Konjunktiv I = Präsensstamm des Verbs + Personalendung mit **e**

1. Pers. Sg.	*ich reis-e*	1. Pers. Pl.	*wir reis-en*
2. Pers. Sg.	*du reis-est*	2. Pers. Pl.	*ihr reis-et*
3. Pers. Sg.	*er/sie/es reis-e*	3. Pers. Pl.	*sie reis-en*

Konjunktiv II (Konjunktiv Imperfekt)

Konjunktiv II steht bei irrealen Aussagen, d. h. Aussagen über etwas, was nicht (oder noch nicht) der Wirklichkeit entspricht. Oft sind dies Wünsche oder Gedankenspiele.
→ **Schiene** *doch endlich wieder einmal die Sonne!*
→ *Wenn ich Ferien* **hätte, ginge** *ich ins Freibad.*

Konjunktiv II = Imperfektstamm des Verbs + Personalendung
Bei starken Verben muss außerdem der Stammvokal **a, o, u** zu **ä, ö, ü** umgelautet werden.

1. Pers. Sg.	*ich käm-e*	1. Pers. Pl.	*wir käm-en*
2. Pers. Sg.	*du käm-est*	2. Pers. Pl.	*ihr käm-et*
3. Pers. Sg.	*er/sie/es käm-e*	3. Pers. Pl.	*sie käm-en*

Übung 1 **Der folgende Text enthält einige Fehler: Verben stehen im Indikativ, obwohl die indirekte Rede den Konjunktiv I erforderlich macht. Streiche die falschen Verbformen durch. Schreibe den Text anschließend richtig in dein Heft.**

Die Berliner sagen, bei ihnen tobt der Bär. Damit meinen sie, bei ihnen ist immer etwas los. Auch Besucher bestätigen, jeder findet etwas Passendes für sich: ob Flohmarkt oder Fernsehturm, Planetarium oder Olympiastadion, ob Gruselkabinett oder Karneval der Kulturen.
Wer einmal dort war, wird denen zustimmen, die sagen, in dieser Stadt kann sich einfach niemand langweilen.
Es ist also keine Übertreibung, wenn es heißt, diese Stadt schläft nie.

Lösungen Seite 121

Alles klar?! **Besonderheiten beim Konjunktiv**

- Ist der Konjunktiv I identisch mit dem Indikativ Präsens, so ersetzt man ihn durch den Konjunktiv II.

→ Er sagt: *„Wir kommen heute ins Freibad mit.“* (Indikativ Präsens)
→ *Er sagt, sie kommen heute ins Freibad mit.* (Konjunktiv I, identisch mit dem Indikativ Präsens)
→ *Er sagt, sie kämen heute ins Freibad mit.* (Ersatz durch den Konjunktiv II)

- Ist der Konjunktiv II identisch mit dem Indikativ Imperfekt, so ersetzt man ihn durch die Umschreibung mit *„würde“*.

→ *Weil schönes Wetter war, gingen wir ins Freibad.* (Indikativ Imperfekt)
→ *Wenn schönes Wetter wäre, gingen wir ins Freibad.* (Konjunktiv II, identisch mit dem Indikativ Imperfekt)
→ *Wenn schönes Wetter wäre, würden wir ins Freibad gehen.* (Ersatz durch die Umschreibung mit „würde“)

Übung 2 **Setze bei den folgenden Sätzen die Verben in der richtigen Form des Konjunktiv II ein.**

(fahren) Wenn unsere Klasse einmal nach Berlin ....,

(gehen) .... wir bestimmt zum Brandenburger Tor.

(ansehen) Wir .... uns dann auch die Reste der Mauer an, die diese Stadt lange Zeit geteilt hat.

(besuchen) Auch das Reichstagsgebäude .... wir ...., nicht nur, weil es eine aufregende Kuppel hat, sondern auch weil es das politische Zentrum Deutschlands ist.

Lösungen Seite 121

Abschlusstest (30 Minuten)

Aufgabe 1 **Schreibe den folgenden Satz in dein Übungsheft. Wähle für jedes Satzglied eine einzelne Zeile. Frage nach jedem Satzglied und bestimme es.**

Ein Ägyptologe erklärt den Museumsbesuchern ausführlich die Nofretetebüste.

Punkte: ☐ von 5

Nofretete war eine ägyptische Königin im 14. Jahrhundert v. Chr. Sie war die Gemahlin von Amenophis IV., der sich Echnaton nannte. Nofretetes Porträtbüste ist in Berlin zu sehen.

Aufgabe 2 **Forme – soweit möglich – die folgenden Aktiv-Sätze in Passiv-Sätze um und schreibe sie in dein Übungsheft.**

Die 170 Berliner Museen zeigen Objekte aus der ganzen Welt. Man kann dort originale Häuser aus Neuguinea bestaunen. Einige der großen Bauten in den Museen haben einst Babylonier errichtet. Auch bedeutende Kunstwerke der Indianer kann man bewundern. Übrigens: Die meisten Museen bieten fachkundige Führungen für Jugendliche an.

Punkte: ☐ von 5

Aufgabe 3 **Prüfe die vorkommenden Konjunktive und trage deine Antwort in die passende Spalte ein.**

	Konj. I	Konj. II
Museen könnte man als das Gedächtnis der Welt bezeichnen.	❑	❑
Dort ließe sich viel über andere Länder und Völker lernen.	❑	❑
Mein Freund erzählte mir, in fast jeder größeren Stadt gebe es Museen,	❑	❑
man müsse sich nur einmal informieren	❑	❑
und brauche nur noch hinzugehen.	❑	❑

Punkte: ☐ von 5

Punkte: ☐ von 15

10–15: Kompliment! Du kennst dich gut aus.
5–9: Vieles beherrscht du; manchmal bist du jedoch noch unsicher.
0–4: Du hast noch nicht alles verstanden. Am besten liest du noch einmal die Seiten, auf denen die Regeln erklärt wurden.

Lösungen Seite 122

Nürnberg: Pegnitz und Heilig-Geist-Spital

9

Satzzeichen richtig setzen

Die meisten Satzzeichen setzen wir schon „nach Gefühl“ an die richtige Stelle. Dies gilt vor allem für die Zeichen am Satzende: Unsere Hand hat sich längst für Punkte, Fragezeichen oder Ausrufezeichen „entschieden“, bevor unser Kopf nachgedacht hat. Das Komma ist eine andere Sache. Hier zögern wir manchmal, ob es stehen muss oder nicht stehen darf oder ob wir sogar die freie Wahl haben. Einige knifflige Fälle der Zeichensetzung werden in diesem Kapitel eingeübt.

9.1 Satzreihe, Satzgefüge

Alles klar?! **Wiederholung: Hauptsatz, Nebensatz, Satzreihe, Satzgefüge**

- Hauptsätze sind Sätze, die von keinem anderen Satz abhängen.
- Gliedsätze/Nebensätze sind Sätze, die von einem übergeordneten Satz abhängen. Ihr Prädikat steht immer an der letzten Stelle im Satz.
- Unter einer Satzreihe versteht man die Abfolge von (mindestens) 2 Hauptsätzen = Nebenordnung beider Sätze: Parataxe.
- Unter einem Satzgefüge versteht man die Verbindung von Hauptsatz und Gliedsatz. Der Gliedsatz wird dem Hauptsatz untergeordnet: Hypotaxe.

Komma in Satzreihen

- In Satzreihen werden die Hauptsätze durch ein Komma voneinander getrennt.
  → *Der Zug hält, die Fahrgäste steigen aus.*
- Steht in Satzreihen zwischen den Hauptsätzen eine nebenordnende Konjunktion (*und, oder, sowie, beziehungsweise, entweder – oder, sowohl – als auch, weder – noch*), so kann ein Komma gesetzt werden, um dadurch den Satz verständlicher zu machen.
  → *Entweder besorgen wir uns die Fahrkarten im Internet(,) oder wir stellen uns am Verkaufsschalter an.*

Übung 1 **Setze im folgenden Text die fehlenden Kommas ein. Entscheide auch, ob man das jeweilige Komma setzen muss oder setzen darf, und fülle die Tabelle richtig aus.**

1. Nürnberg ist eine moderne Großstadt und doch wirkt sie in manchen Vierteln wie eine mittelalterliche Kleinstadt.
2. Viele Häuser und Plätze erinnern an früher sie erzählen von einer großen Vergangenheit.
3. Im Mittelalter war Nürnberg eine wichtige Reichsstadt beziehungsweise die Stadt war für Wirtschaft und Kultur ein bedeutsames Zentrum.
4. Heute kann der Besucher noch etwas davon ahnen es zeigt sich überall.

Ein Komma muss stehen in:	Ein Komma darf stehen in:
Satz	Satz
Satz	Satz

Lösungen Seite 123

Übung 2 **Unterstreiche in den Sätzen aus Übung 1 die nebenordnenden Konjunktionen, die es uns freistellen, ein Komma zu setzen.**

Übung 3 ★ **In den folgenden Satzreihen stehen Kommas, deren Setzung nicht durch die bisher gelernten Regeln erklärbar ist. Überlege, warum. Formuliere selbst eine passende Regel und schreibe sie in dein Übungsheft.**

Nürnberg ist jedoch nicht nur wegen der beeindruckenden Altstadt berühmt, sondern viele schwärmen auch vom vorweihnachtlichen Christkindlesmarkt. Dort kann man viele bekannte Leckereien naschen, aber das Bekannteste sind wohl die originalen Nürnberger Lebkuchen und die originalen Nürnberger Rostbratwürste.

Übung 4 **Achtung Fehlerteufel! Die folgenden Sätze enthalten falsch gesetzte Kommas. Überlege, warum in keinem (!) der Sätze ein Komma stehen darf, und schreibe deine Erklärung in dein Übungsheft.**

1. In der Altstadt von Nürnberg gibt es eindrucksvolle Bürgerhäuser, und an vielen Plätzen auch Brunnen.
2. Früher versorgte dieses Wasser ganze Stadtviertel, und musste eimerweise in die Häuser getragen werden.
3. Der Schöne Brunnen ist schon 600 Jahre alt, und könnte viel erzählen.

Lösungen Seite 123

Alles klar?! **Komma bei Haupt- und Gliedsatz**

- In Satzgefügen werden Hauptsatz und Gliedsatz immer durch ein Komma getrennt.
  → *Heute fahren wir mit einem Bummelzug, obwohl er an vielen kleinen Bahnhöfen hält.*
  → *Morgen fahren wir mit einem Intercity, weil er nur an großen Bahnhöfen hält, nach Nürnberg.*
  In diesem Satz müssen zwei Kommas stehen, da der Gliedsatz in den Hauptsatz eingefügt ist.

Übung 5 **Unterstreiche die unterordnenden Konjunktionen der folgenden Sätze. Sie leiten einen Gliedsatz ein, der durch Komma vom Hauptsatz getrennt werden muss.**

1. 1835 ist für Eisenbahnfans ein wichtiges Datum, weil in diesem Jahr die erste Dampflokomotive Deutschlands von Nürnberg nach Fürth rollte.
2. Ein Nachbau der „Adler“ ist heute im Museum zu besichtigen, damit man sich alles besser vorstellen kann.
3. Obwohl unsere Technik heute wahrlich ausgereifter ist, muss man den Konstrukteuren des 19. Jahrhunderts großen Respekt zollen.

Lösungen Seite 123

Übung 6 **Unterstreiche auch in den folgenden Sätzen die unterordnenden Konjunktionen und setze die fehlenden Kommas ein. Achte besonders darauf, dass eingeschobene Gliedsätze durch zwei (!) Kommas vom Hauptsatz getrennt werden.**

Der Zweite Weltkrieg hat als die Bomben auf die Stadt fielen erhebliche Zerstörungen in Nürnberg angerichtet. Man hat jedoch nachdem das Notwendigste für die Bevölkerung getan war nach dem Krieg zahlreiche Gebäude wiederhergestellt. Dabei wurde vieles weil es so einmalig war mit großer Sorgfalt restauriert und rekonstruiert. Auch die drei großen gotischen Kirchen (St. Lorenz, St. Sebald und die Frauenkirche) sehen heute so aus als ob sie unversehrt die Jahrhunderte überstanden hätten.

Übung 7 **Im folgenden Satzgefüge ist ein weiteres Einleitungswörtchen der Grund für das Komma. Finde es heraus und benenne die Wortart.**

In Nürnberg gibt es auch im Zeitalter des Internet noch einen Nachtwächter, der abends seinen Gang durch die Stadt macht.

Das Wort, das den Gliedsatz einleitet, gehört zur Wortart der ....

Lösungen Seite 123

9.2 Infinitivgruppen

Alles klar?! **Wiederholung: Infinitiv und Infinitivgruppe**

- Unter einem einfachen Infinitiv versteht man die Nennform bzw. Grundform des Verbs.
  → *gehen, fahren, laufen*
- Unter einer Infinitivgruppe versteht man eine Wortgruppe, bei der ein Infinitiv zusammen mit anderen Wörtern eine Sinneinheit bildet.
  → *Ich mag es, langsam durch die Straßen zu bummeln.*

Komma bei Infinitivgruppen I
- Infinitivgruppen werden vom übrigen Satz durch Kommas getrennt, wenn sie eingeleitet werden durch: *um zu, ohne, statt, anstatt, außer, als.*
  → *Viele schauen sich lieber die Welt „live“ an,* ***anstatt*** *sie auf der Mattscheibe zu erleben.*
- Infinitivgruppen werden vom übrigen Satz durch Komma getrennt, wenn sie *von einem Substantiv abhängen.*
  → *Sie schmieden* ***Pläne****, Neues aus der Nähe zu sehen.*

Übung 1 **Setze in den folgenden Sätzen die fehlenden Kommas. Unterstreiche den Infinitiv und das Wort, das die Infinitivgruppe einleitet. Schreibe es in die rechte Spalte.**

	Die Infinitivgruppe wird eingeleitet durch das Wörtchen:
In Nürnberg kann man noch eine richtige Burg kennenlernen ohne Angst vor Raubrittern und Falltüren haben zu müssen.	
Kaisern und Königen blieb früher nichts anderes übrig als in gewissen Abständen von Burg zu Burg zu reiten.	
Sie mussten sich durch eigene Anschauung informieren um die Berichte der Kuriere überprüfen zu können.	
Oft wurde die prachtvolle Nürnberger Kaiserburg auch gewählt um Reichstage, Hoftage und Gerichtstage abzuhalten.	

Lösungen Seite 124

Übung 2 **Setze im folgenden Text die fehlenden Kommas. Unterstreiche dann jeweils das Substantiv, von dem die Infinitivgruppe abhängt.**

Der Wunsch die Stadt einmal von oben zu betrachten veranlasst viele Besucher zur Besteigung des 385 m hohen Bergfrieds. Andere lockt die Chance einmal in das unterirdische Kellerlabyrinth tief im Burgberg hinabsteigen zu dürfen. Früher boten riesige Felsengänge eine gute Gelegenheit große Mengen Bier in richtiger Temperatur zu lagern. In Krieg und Notzeiten waren die unsichtbaren Räume aber auch ein Ort Menschen zu schützen.

Alles klar?! **Komma bei Infinitivgruppen II**

- Infinitivgruppen werden vom übrigen Satz durch Komma getrennt, *wenn sie von einem Wort im Hauptsatz abhängen, das auf sie verweist.*

→ *Ich freue mich schon **darauf**, in den Ferien eine Fahrradtour zu machen.*

- Infinitivgruppen *kann* man durch Komma vom übrigen Satz abtrennen, um *Missverständnisse zu vermeiden.*

→ *Er empfahl(,) ihm zu folgen.*
Ohne Komma könnte man den Satz auch so verstehen: *Er empfahl ihm, zu folgen.*

Übung 3 **Füge in die folgenden Sätze ein Wörtchen ein, das auf die nachfolgende Infinitivgruppe hinweist und sie von ihm abhängig macht.**

Wer würde sich nicht .... freuen, außer einer richtigen Burg auch noch eine richtige Stadtmauer zu sehen.

Im Mittelalter war man vielerorts .... bemüht, seine Bürger mit Mauern, Türmen und Wehrgängen zu schützen.

In Nürnberg kann man seine Entdeckerfreude .... einsetzen, etwas mehr über solche Stadtbefestigungen zu erfahren.

Lösungen Seite 124

9.3 Aufzählung

Alles klar?! Komma in Aufzählungen

- Zählt man gleichrangige Wörter oder Wortgruppen auf, so werden sie durch Komma getrennt.
  → *Ich packe meinen Koffer **und** nehme mit: Sonnenbrille, Baseballcap, Handy.*
- Steht zwischen aufgezählten Wörtern oder Wortgruppen eine nebenordnende Konjunktion *(und, oder, sowie, beziehungsweise, entweder – oder, sowohl – als auch, weder – noch)*, so wird kein Komma gesetzt.
  → *Ich packe meinen Koffer und nehme mit: Sonnenbrille, Baseballcap **und** Handy.*
  → *Ich packe meinen Koffer und nehme mit: **sowohl** Sonnenbrille **als auch** Baseballcap **und** Handy.*

Übung 1 Setze die fehlenden Kommas und schreibe jeweils die Wörter heraus, die ein Komma ersetzen.

1. Natürlich kennst du Namen wie Picasso, Rembrandt sowie Michelangelo.
2. Dies sind Namen aus fernen Zeiten und Ländern.
3. Viele Menschen wissen jedoch weder etwas über ihr Privatleben noch etwas über ihre Lebenszeit.
4. Anders könnte dies bei Albrecht Dürer werden: In Nürnberg erinnern nämlich viele Geschichten Dokumente Gemälde beziehungsweise Zeichnungen an den großen Künstler.
5. Sogar sein Wohnhaus kannst du besuchen oder dir von Dürers Frau Agnes alles virtuell erklären lassen.
6. Eine als Agnes verkleidete Schauspielerin plaudert dann sowohl über ihren Ehemann Albrecht als auch über ihre Mägde und die Lehrlinge des Künstlers.

 Lösungen Seite 124

Folgende Konjunktionen ersetzen jeweils ein Komma:

Satz 1 .... Satz 2 ....

Satz 3 .... Satz 4 ....

Satz 5 .... Satz 6 ....

Albrecht Dürer

Übung 2 **Kommen dir die Regeln auf Seite 92 bekannt vor? Hast du eine Erklärung dafür? Blättere zurück auf Seite 86 und überlege, warum sich die Regeln so ähneln.**

Meine Idee:

....

....

....

....

....

....

Abschlusstest (30 Minuten)

Ergänze die fehlenden Kommas. Überlege jeweils die passende Regel.

Aufgabe 1 Satzreihe/Satzgefüge

1 Wenn man etwas in ein Gefäß füllen möchte benutzt man einen Trichter.
2. Weil das Verfahren praktisch ist hat man davon den „Nürnberger Trichter“ abgeleitet.
3. Natürlich ist das nur ein Fantasiegebilde und noch niemand hat ihn hergestellt.
4. Dass wir uns beim Lernen den Stoff manchmal „eintrichtern“ ist nur eine bildhafte Umschreibung eines komplizierten Prozesses.
5. Erfolg hat man nur auf die eine Weise der Kopf muss selbst tätig werden.

Punkte: ☐ von 5

Aufgabe 2 Infinitivgruppe

1. Schön wäre der „Nürnberger Trichter“ für das Lernen von Vokabeln statt sie sich mühselig Wort für Wort einprägen zu müssen.
2. Und wie lange ist man damit beschäftigt ein Gedicht auswendig zu lernen.
3. Ob nicht doch jemand die Idee in die Tat umsetzt diesen Trichter zu bauen?
4. Ohne lange zu werben fände er sicherlich viele Interessenten.
5. Oder ist die Notwendigkeit alles selbst lernen zu müssen doch nicht so schlecht?

Punkte: ☐ von 5

Aufgabe 3 Aufzählung

1. In Mathe Englisch Bio in allen Fächern ist Lernen angesagt.
2. Das ist so und bleibt auch so.
3. Sicher Gelerntes kann weder verloren gehen noch geraubt werden.
4. Oft kann es sehr nützlich sein oder uns einfach nur freuen.
5. Gelerntes ist eine fremde und zugleich vertraute Welt im Kopf.

Punkte: ☐ von 5

Punkte: ☐ von 15

10–15: Kompliment! Du kennst dich gut aus.
5–9: Vieles beherrscht du; manchmal bist du jedoch noch unsicher.
0–4: Du hast noch nicht alles verstanden. Am besten liest du noch einmal die Seiten, auf denen die Regeln erklärt wurden.

Lösungen Seite 125

Lösungen

1.1 Nachdenken

Übung 2 (Seite 7)

Das gesuchte Wort lautet Motivation.

1.2 Aufschreiben

Übung 1 (Seite 8–9)

Modelleisenbahn-Zentrum (in Lautenthal):
- eine Welt im Kleinen
- originalgetreue Minizüge
- nachgebaute Orte und Landschaften
- faszinierendes technisches Zusammenspiel
- Originalgeräusche

Tropfsteinhöhlen (z.B. in Iberg und Rübeland)
- Welt unter der Erde
- bunte Gesteinsschichten
- glitzernde Kristalle
- schmale Gänge
- Fledermäuse

Seilbahnfahrten (z.B. in Thale)
- eine Welt von oben
- Sessellift
- Kabinenbahn
- neue Perspektiven
- grandiose Ausblicke

Übung 2 (Seite 10)

Mögliche Überschrift: Sport- und Freizeit(möglichkeiten) im Harz

Übung 3 (Seite 11)

Die mittlere Überschrift passt am besten: Kinderwalpurgis im Harz

1.3 Behalten

Übung 1 (Seite 13)

Eine lernfreundlichere Reihenfolge bei der Erledigung der Hausaufgaben wäre:

1. Deutsch:	Gedicht auswendig lernen
2. Physik:	Versuchsaufbau der heutigen Stunde beschreiben
3. Mathematik:	Aufgabe 4, Seite 29
4. Englisch:	Vokabeln lernen

Bei dieser Reihenfolge liegen die Phasen, in denen du etwas auswendig lernen musst, weit auseinander.

Übung 2 (Seite 13)

Johann Wolfgang von Goethe
Lebenszeit: 1749–1832
Harzreise: 1777

Heinrich Heine
Lebenszeit: 1797–1856
Harzreise: 1824

Übung 3 (Seite 14)

Eine Kurzfassung des Textes könnte so lauten:
Neben zahlreichen Attraktionen gibt es im Harz eine nachgebaute Westernstadt, die den Besucher mit vielen Darbietungen in das 19. Jahrhundert zurückversetzt.

Abschlusstest

Aufgabe 1 (Seite 16)

1. Warum sollte man beim Lernen mit einem Schmierzettel beginnen?
   – damit die Gedanken nicht verloren gehen.
2. Warum sollte man die fertige Arbeit nicht gleich fortlegen, sondern selbst begutachten?
   – damit man ein kleines Erfolgserlebnis hat.
3. Warum sollte man auf DIN-A4-Blätter schreiben?
   – damit die Arbeitsunterlagen ein einheitliches Format haben.
4. Warum sollte man für jeden Text eine Überschrift suchen?
   – damit man schnell erkennt, worum es geht.
5. Warum sollte man bei Texten und Notizen einen Rand lassen?
   – damit man später etwas ergänzen kann.

Aufgabe 2 (Seite 16)

1. Warum sollte man an einem Platz arbeiten, der einem gefällt?
   – damit die positive Lernatmosphäre die Arbeit angenehmer macht.
2. Warum sollte man den Lernstoff in überschaubare Mengen einteilen?
   – damit das Gedächtnis nicht überfordert wird.
3. Warum sollte man den Lernstoff mit anderen Kenntnissen verknüpfen?
   – damit nichts in der Luft hängt.
4. Warum sollte man sich einem Thema auf mehreren Wegen nähern?
   – damit das Wissen gefestigt wird.
5. Warum sollte man mit dem Internet sparsam umgehen?
   – damit man nicht zum Abschreiben verführt wird.
6. Warum sollte man Ähnliches nicht hintereinander lernen?
   – damit das Gehirn das Gelernte ohne Verwirrung speichern kann.
7. Warum sollte man größere Abschnitte zusammenfassen?
   – damit man erkennt, ob man alles verstanden hat.
8. Warum sollte man das Gelernte von Zeit zu Zeit wiederholen?
   – damit es ins Langzeitgedächtnis wandern kann.
9. Warum sollte man regelmäßige Pausen machen?
   – damit man sich entspannen kann.
10. Warum sollte man schwierige Lernstoffe auf kleine Karteikarten schreiben?
    – damit man sie bei geeigneten Gelegenheiten anschauen kann.

Pro Frage und Antwort gibt es einen Punkt, maximal sind 15 Punkte zu erreichen.

2.1 Lesen

Übung 1 (Seite 18)

Die beiden Kernwörter sind: München und sehenswert.

Übung 2 (Seite 18/19)

Wenn man nach München kommt und die Stadt kennenlernen möchte, weiß man gar nicht, wo man anfangen soll, so umfassend ist das Kultur und Freizeitangebot, z. B.:

- Residenz mit Prunk- und Schausälen, wo man den Wohnsitz bayrischer Herrscher besichtigen kann;
- Englischer Garten mit viel Platz für Freizeitaktivitäten, wo man aber auch einer japanischen Teezeremonie beiwohnen kann;
- Tierpark mit Geo-Zoo, wo man die meisten Tiere ohne Gitter und Zäune beobachten kann;
- Olympiapark mit der Sportlandschaft von 1972, wo man die kühne Zeltdachkonstruktion bewundern kann;
- Bavaria-Filmstudios mit Stars und Sternchen, wo man eine Stunt-Show erleben kann;
- Museen mit herausragenden Kunstwerken, wo man beispielsweise in der Glyptothek originale Figuren aus der griechischen Antike betrachten kann;
- Märkte, Feste, Festivals mit besonderen Veranstaltungen, wo man z. B. am Stadtmarathon teilnehmen oder das Oktoberfest besuchen kann.

Etwas ganz Besonderes für Groß und Klein gibt es aber im Deutschen Museum auf der Museumsinsel. Es gehört zu den bedeutendsten und größten Technikmuseen der Welt. In vielen Stockwerken kann man etwas über die wissenschaftlichen und technischen Errungenschaften der letzten Jahrhunderte erfahren, und dies nicht durch schwer verständliche Erklärungen, sondern durch eigenes interaktives Handeln: Mit Schaltern, Knöpfen und Hebeln darf man sich einmischen und bei vielen technischen Prozessen mitmachen. Dann blitzt etwas auf oder bewegt sich und lässt den Besucher auf anschauliche Art und Weise verstehen, warum dies so sein muss.

In einigen Abteilungen kann man auch Unikate sehen, von denen man bisher nur gehört hat, z. B. das erste Automobil oder die erste Propellermaschine.

Um alles kennenzulernen, würde man viele Wochen brauchen. Daher trifft man am besten eine kleine Auswahl und entscheidet sich, aus der Fülle nur Einzelnes auszusuchen, was einen besonders interessiert, z.B. Autos – Computer – Fernrohre – Musikinstrumente – Raumsonden – Roboter – Segelschiffe – Telefon – Uhren – Webetechniken – Windmühlen – und – und – und.

2.2 Aufbau erkennen

Übung 1 (Seite 20)

Der Text wäre so zu gliedern:	Thema:	
Zeile 1 bis 2 handeln von:	Münchens Kultur- und Freizeitangeboten	(im Überblick)
Zeile 3 bis 15 handeln von:	Münchens Kultur- und Freizeitangeboten	(in Auswahl)
Zeile 16 bis 30 handeln von:	Münchens Kultur- und Freizeitangebot	(am Einzelbeispiel)

Das Thema wird von Abschnitt zu Abschnitt enger gefasst – im Gegensatz zum Raum, den es einnimmt: Abschnitt 1: 2 Zeilen – Abschnitt 2: 13 Zeilen – Abschnitt 3: 15 Zeilen

Als Grafik passen drei konzentrische Kreise, da sie das Bauprinzip der Verengung besonders gut erkennen lassen.

Übung 2 (Seite 20)

In Zeile 16 steht das Wörtchen „aber“. Es signalisiert, dass ein neuer Gedanke folgt.

Übung 3 (Seite 21)

Stachus und Sendlingertorplatz:	Plätze in der Innenstadt
Schwabing:	Stadtteil von München
Oktoberwiese und Bavaria:	Theresienwiese, auf der das Oktoberfest gefeiert wird, mit einer großen Frauenstatue, einem Symbol für Bayern
Donisl:	Gaststätte in der Innenstadt mit Münchner „Schmankerln“
Frauentürme:	Türme der Frauenkirche
Theatiner:	elegante Straße in der Innenstadt
Pinakothek:	Gemälde-Galerie(n): Alte Pinakothek und Neue Pinakothek (für Gemälde aus älterer bzw. neuerer Zeit)

Übung 4 (Seite 21)

Zeile 1 handelt von der Stimmung am frühen Morgen in der Innenstadt von München.
Zeile 2 bis 13 handeln von den Fantasien und Aktivitäten angetrunkener Nachtschwärmer.
Zeile 14 bis 19 handeln vom Erwachen der Stadt.
Zeile 20 bis 25 handeln von den Touristen.
Zeile 26 bis 29 handeln vom lyrischen Ich.

2.3 Texte analysieren

Übung 1 (Seite 22)

Die Themen stehen in dieser Reihenfolge im Gedicht
1. Stadt – 2. Menschen (Einheimische) – 3. Stadt – 4. Menschen (Touristen) – 5. lyrisches Ich

Das lyrische Ich (offensichtlich Ringelnatz selbst) beschreibt seinen Heimweg von einer durchzechten Nacht; dabei gleitet sein Blick zwischen Stadt und Menschen hin und her, bis er schließlich über sich selbst nachdenkt.
(Wichtig bei dieser Ergänzung ist es, dass du das Hin und Her des Blicks zum Ausdruck bringst.)

Übung 2 (Seite 23)

Bei dem Vergleich beider Textpassagen müssen die eindeutigen Unterschiede erkennbar sein:

Einheimische:
Auffällig an ihrem Verhalten ist, dass sie angetrunken sind und sich unkontrolliert und teilweise seltsam verhalten;

z. B. Zeile 7: Angeberei eines Mannes, der gerade seinen Doktor gemacht hat;

oder Zeile 10/11: das Gute-Nacht-Sagen zur Mittagszeit;

oder Zeile 13: Gebaren des Chargierten, der die Feier des Vortags fortsetzt.

Touristen:
Auffällig an ihrem Verhalten ist, dass sie einfach „anders“ sind und anders sprechen als die Einheimischen;

z. B. Zeile 20: Sachsen, deren Dialekt für Münchener fremd ist;

oder Zeile 25: Italienerinnen, die sich beim Stadtbummel affektiert aufführen.

Übung 3 (Seite 23)

Die Gedanken in den Zeilen 28 und 29 lassen erkennen, dass das lyrische Ich offensichtlich etwas zu viel getrunken hat; denn es stottert und kann den Namen des Museums nur fragmentarisch aussprechen.

Abschlusstest

Aufgabe 1 (Seite 24)

	Ja	Nein
1. Sollte man einen Text mehrmals lesen?	X	
2. Sollte man möglichst viele Wörter kennzeichnen?		X
3. Ist es richtig, Textkommentare an den Rand zu schreiben?	X	
4. Muss man bestimmte Spielregeln beim Kommentieren beachten?		X
5. Dürfen Kommentare auch subjektiv sein?	X	

Es sind maximal 5 Punkte zu erreichen.

Aufgabe 2 (Seite 24)

	Ja	Nein
1. Gibt es einen Unterschied zwischen einer Zäsur und einem Einschnitt?		X
2. Könnte auch das Wörtchen „und“ ein Signal für eine Zäsur sein?		X
3. Könnte das Wörtchen „jedoch“ ein Signal für eine Zäsur sein?	X	
4. Sollte man bei einer Textgliederung Zeilenangaben machen?	X	
5. Können bei einem Gedicht mehrere Strophen thematisch zusammengehören?	X	

Es sind maximal 5 Punkte zu erreichen.

Aufgabe 3 (Seite 24)

	Ja	Nein
1. Ist eine Analyse dasselbe wie eine Zerlegung eines Ganzen in seine Teile?	X	
2. Ist es richtig, zuerst zu interpretieren und dann zu analysieren?		X
3. Ist eine Interpretation dasselbe wie eine Erörterung?		X
4. Kann man ganz eindeutig herausfinden, was ein Autor gemeint hat?		X
5. Sollte man beim Umgang mit Texten immer die Zeile nennen, in der das Gemeinte steht?	X	

Es sind maximal 5 Punkte zu erreichen.

3.1 Literarische Texte

Übung 2 (Seite 27)

1. Die Sprache weist einen inneren Rhythmus auf: Betonte und unbetonte Silben wechseln. Z. B. enthalten die ersten 4 Zeilen jeweils 4 Betonungen:

   Frühling lässt sein blaues Band
   Wieder flattern durch die Lüfte;
   Süße, wohlbekannte Düfte
   Streifen ahnungsvoll das Land.

2. Die Zeilen enden mehrmals mit gleich klingenden Reimen, z. B.

Zeile 1 und 4:	Land – Band	Zeile 5 und 7:	schon – Harfenton
Zeile 2 und 3:	Lüfte – Düfte	Zeile 6 und 9:	kommen – vernommen

Übung 3 (Seite 28)

Vermutlich denkt Mörike an die ersten Frühlingsblumen, deren Duft „wohlbekannt“ ist. Die „Veilchen“ nennt er selbst in Zeile 5; man könnte auch an Hyazinthen und Narzissen denken, die den Frühling ahnen lassen.

Übung 4 (Seite 28)

Vermutlich meint Mörike mit dem „blauen Band“, das der Frühling durch die Lüfte flattern lässt, den blauen Himmel, der so leicht über der Erde schwebt wie ein flatterndes Band.

Übung 5 (Seite 28)

Da die träumenden Veilchen eine positive Stimmung verbreiten, sind folgende Assoziationen unpassend: Illusion – Schein – Alptraum.
Da die Veilchen außerdem im Gedicht als Vorboten des Frühlings genannt werden, passen die verbleibenden Assoziationen gut: Voraussage – Ahnung.

Übung 6 (Seite 29)

Frühlingsglaube

Die linden Lüfte sind erwacht,
Sie säuseln und weben Tag und Nacht,
Sie schaffen an allen Enden.
O frischer Duft, o neuer Klang!
Nun, armes Herze, sei nicht bang!
Nun muss sich alles, alles wenden.

Die Welt wird schöner mit jedem Tag,
Man weiß nicht, was noch werden mag,
Das Blühen will nicht enden.
Es blüht das fernste, tiefste Tal:
Nun, armes Herz, vergiss der Qual!
Nun muss sich alles, alles wenden.
Ludwig Uhland

Übung 7 (Seite 29)

Uhland stellt den Frühling so dar:	Diese Aussagen erkennt man besonders in folgenden Zeilen:	
1. als milde Kraft	Zeile 1:	lind
	Zeile 2:	säuseln
2. als schöpferisches Leben	Zeile 3:	schaffen
	Zeile 9/10:	Das Blühen will nicht enden. Es blüht das fernste, tiefste Tal.
3. als Zeitenwende	Zeile 4:	neuer Klang
	Zeile 6 und 12:	wenden

3.2 Sachtexte, die informieren sollen

Übung 1 (Seite 30)

Die im folgenden Text eingeklammerten Wörter und Sätze gehören nicht in einen Sachtext, da sie eine subjektive Bemerkung des Verfassers sind:

Weißt du, was Hünengräber sind?. Es sind (eindrucksvolle) Grabanlagen aus riesigen Findlingsblöcken, die unsere Vorfahren in der Steinzeit errichtet haben. Man nennt sie auch Megalithgräber. Ursprünglich waren sie mit Erde bedeckt und dienten als Totenstätte für mehrere Generationen.
Auf Rügen kann man viele dieser (aufregenden) Steinbauten sehen. Auf dem gesamten Gebiet von Mecklenburg-Vorpommern sind mehrere Hundert Gräber gut erhalten; viele wurden jedoch (leider) auch als Baumaterial für Straßen und Häuser verwendet. (Besonders beeindruckende) Steinsetzungen dieser Art haben sich (glücklicherweise) auch im Umfeld von Schwerin im Everstorfer Forst erhalten: Dort gibt es u.a. eine überdimensionale Grabanlage aus dem 3. Jahrtausend v.Chr., die ungefähr 50 m lang und 10 m breit ist und von 50 Findlingen umschlossen ist. (Wer mag wohl die mächtigen Blöcke dorthin transportiert haben? Und wie hat man wohl technisch das Problem gelöst, so schwere Steine herbeizuschaffen und aufzustellen?)

Übung 2 (Seite 31)

Bodden: seichte Meeresbucht mit enger Öffnung zum Meer
Nehrung: schmaler Sandstreifen, der eine flache Meeresbucht vom offenen Meer abtrennt (Halbinsel!)
Haff: Meeresbucht, die durch eine Nehrung vom offenen Meer weitgehend abgeschnürt ist

Übung 3 (Seite 31)

Der *Saaler Bodden* liegt zwischen dem Festland und der Halbinselkette Fischland – Darß – Zingst.
Das *Salz-Haff* mit seiner Nehrung liegt in der Nähe der beiden Ostseebäder Rerik und Wustrow.

3.3 Sachtexte, die beeinflussen sollen

Übung 1 (Seite 32)

Satz A zeichnet die beiden Altstädte durch das Wort „Weltkulturerbe“ besonders aus. Zum Weltkulturerbe gehören weltweit nur wenige ausgewählte Orte mit einem herausragenden Kulturgut oder Naturdenkmal. Zusätzlich zu der Sachaussage vermittelt dieses Wort also eine heimliche Wertung.

Übung 2 (Seite 33)

Negativ-Wertung bei den Gegnern:
drohen – Gefahr – begrenzt – starres Hindernis

Positiv-Wertung bei den Befürwortern;
Chance – grünes Blätterdach – schattiger Schutz – schenken

Abschlusstest

Aufgabe (Seite 34)

Literarische Texte	Informierende Sachtexte	Beeinflussende Sachtexte
Ballade	Bekanntmachung	Erörterung
Erzählung	Bericht	Kommentar
Fabel	Beschreibung	Werbetext
Komödie	Gebrauchsanweisung	
Kurzgeschichte	Inhaltsangabe	
	Nachricht	
	Protokoll	

Es sind maximal 15 Punkte zu erreichen.

4.1 Inhaltsangabe

Übung 1 (Seite 36)

In Kapitel 3.2 wurde bereits geübt, einen informierenden Sachtext ohne Wertungen zu schreiben.

Übung 2 (Seite 36–37)

Wer? – Schulklasse
Was? – Stadtführung
Wo? – Bonn
Wann? – Zwischenstopp auf einer Klassenfahrt
Wic? – Stadtführung mit Vortrag und Rallye

Übung 3 (Seite 38)

Mögliche Inhaltsangabe des Gesprächs:
Einige spotten über den kleinen Bonner Bahnhof und philosophieren über das Bildungsziel, das die Lehrerin mit dieser Reise *anstrebe (Konjunktiv!)*. Andere hoffen, dass es nicht so langweilig *werde (Konjunktiv!)*, und vertrösten sich auf den Abend am Lagerfeuer.

Übung 4 (Seite 38)

Die Geschichte *(Textart)* Klassenfahrt mit Einlage *(Titel)* von Melanie Ahrens *(Verfasser)* handelt von einer Schulklasse, die bei einem Zwischenstopp während einer Klassenfahrt einen unerwartet interessanten Aufenthalt in Bonn erlebt *(Thema und Übersicht über den ganzen Text)*.

Übung 5 (Seite 39)

Sinnabschnitt:	Überschrift:
Zeile 1 bis 4	Gespräch vor dem Zwischenstopp in Bonn
Zeile 5 bis 13	Einstellungen zum Zwischenstopp
Zeile 14 bis 26	Stadtführung mit Vortrag und Rallye
Zeile 27 bis 29	Eisessen und Urteil über den Zwischenstopp

Übung 6 (Seite 39)

Die Geschichte „Klassenfahrt mit Einlage“ von Melanie Ahrens handelt von einer Schulklasse, die bei einem Zwischenstopp während einer Klassenfahrt einen unerwartet interessanten Aufenthalt in Bonn erlebt. (vgl. Übung 4)

Ein Mädchen aus der Klasse, die Ich-Erzählerin, erinnert sich später:

(Hier beginnt nun die eigentliche Inhaltsangabe.)

Die Schülergruppe sitzt auf der Anreise in die Eifel im Zug. Man plaudert über häusliche Ereignisse, als der Zug in Bonn hält. Einige spotten über den kleinen Bonner Bahnhof und philosophieren über das Bildungsziel, das die Lehrerin mit dieser Reise anstrebe. Andere hoffen, dass es nicht so langweilig werde, und vertrösten sich auf den Abend am Lagerfeuer.
Auf dem Bahnsteig begrüßt sie ein netter Stadtführer, der zunächst jedem einen Stadtplan überreicht. Auf dem Bahnhofsvorplatz informiert er die Schülerinnen und Schüler über einige Besonderheiten aus Bonns Geschichte und Gegenwart. Dann führt er mit ihnen eine Rallye durch, in deren Verlauf er ihnen

wichtige Gebäude und Plätze der Stadt und zwei Attraktionen des Botanischen Gartens zeigt.
Zum Abschluss spendiert die Lehrerin allen noch ein Eis und die meisten aus der Klasse sind ganz begeistert von ihrem Zwischenstopp in Bonn.

Als grobes Richtmaß für die Länge einer Inhaltsangabe gilt: Sie sollte ungefähr ein Drittel des Originals betragen. Das Original in dieser Übung besteht aus 341 Wörtern, die Inhaltsangabe hat – ohne Einleitungsteil – 137 Wörter.

4.2 Bericht

Übung 1 (Seite 40)

Die eingeklammerten Wörter und Satzteile gehören nicht zu den wesentlichen Angaben und sollten unbedingt gestrichen werden.

Zwischenfall beim Staatsbesuch

Als wir mit unserer Klasse gerade die Anhöhe des Alten Zolls (, dessen Kanonen zum Rhein gerichtet sind,) verlassen wollten, hörten und sahen wir auf der Adenauerallee (, die hier parallel zum Rhein verläuft,) eine Motorrad-Eskorte. In gleichmäßigem Tempo geleiteten sie eine schwarze Limousine in die Innenstadt. Auf den (gepflasterten) Bürgersteigen blieben überall Passanten stehen. Plötzlich stoppten die Fahrzeuge und ein Hund jaulte auf. Ein Mann (mit brauner Jacke) lief zwischen die Motorräder und rief nach seinem Hund. Die Männer des Geleitschutzes kümmerten sich sofort um die beiden.
Der Mann hob den Hund auf den Arm und trug ihn auf den (breiten) Bürgersteig. Nach kurzem Wortwechsel mit dem Chauffeur des Staatsgastes setzen alle Fahrzeuge ihre Fahrt fort.

Übung 2 (Seite 41)

Antwort 1 ist richtig. Diese Vermutung passt und ist als Vermutung erkennbar.

Übung 3 (Seite 41)

Die logisch richtige Reihenfolge der Sätze ist: Satz 1, 2, 4, 3, 5, 6, 7
Begründung: Die Fahrzeuge stoppten, bevor der Mann auf die Straße gelaufen war.

Übung 4 (Seite 41)

An welchem Tag ereignete sich der Vorfall? Um welche Uhrzeit ereignete sich der Vorfall? Welche Personen waren im Einsatz? Welche Wegstrecke sollte gefahren werden?

Als verlässlicher Augenzeuge hätte der Berichterstatter auch noch folgende Angaben machen müssen:
Wie schnell wurde gefahren? Wem gehörte der Hund? Hatte sich der Hund von der Leine gerissen? Wurde jemand verletzt? Gab es Sachschaden? Haben sich Zeugen zu Wort gemeldet? Wurde ein Protokoll angefertigt?

4.3 Beschreibung

Übung 1 (Seite 42)

Bei der Beschreibung eines Gegenstandes gehört der Besitzer nicht zu den wesentlichen Merkmalen. Bei der Beschreibung einer Person gehört dessen Charakter nicht zu den wesentlichen Merkmalen.

Übung 2 (Seite 43)

Folgt man der Empfehlung, vom Allgemeinen zum Besonderen (vom Gesamteindruck zu den Einzelheiten) fortzuschreiten, ergibt sich folgende Reihenfolge:
Art des Hauses – Höhe – Breite – Baumaterial – Baustil – Gebäudeschmuck – Anzahl der Fenster – Form der Fenster – Balkon – Haustür – individuelle Merkmale

Es sind auch andere Beschreibungsschritte möglich; es dürfen aber keine „Sprünge" in der Reihenfolge vorkommen.

Übung 3 (Seite 43)

Richtige Antwort: Ja

Übung 4 (Seite 43)

Mögliche Stadtbildbeschreibung von Bonn:
Wie der Ortsplan zeigt, liegt Bonn am Rhein. Die Stadt erstreckt sich zu beiden Seiten des Flusses, der beide Teile wie eine große Welle trennt.
Das Stadtzentrum liegt linksrheinisch. Auf der gegenüberliegenden Rheinseite liegt der Stadtteil Beuel, an den sich südlich das Siebengebirge anschließt, das sich am Rheinufer entlang zieht. Der Stadtteil Bad Godesberg liegt im Süden der Stadt.
Beide Seiten des Rheins sind über weite Strecken von Uferstraßen gesäumt. Das Stadtbild prägen mehrere große Plätze (vor allem der Münsterplatz und der Marktplatz). Eine Besonderheit ist eine breite Allee (die Poppelsdorfer Allee), die das ehemalige Stadtschloss mit seiner großen Hofgartenwiese und die frühere Sommerresidenz mit ihrem großen Botanischen Garten verbindet.

Abschlusstest

Aufgabe 1 (Seite 44)

	Ja	Nein
1. Ist eine Inhaltsangabe ein Sachtext?	X	
2. Darf ich meine Meinung einfließen lassen?		X
3. Darf ich eine wörtliche Rede einfügen?		X
4. Darf ich etwas erklären, damit man es besser versteht?		X
5. Darf ich das Imperfekt benutzen, wenn ich über Vergangenes informiere?		X

Es sind maximal 5 Punkte zu erreichen.

Aufgabe 2 (Seite 44)

	Ja	Nein
1. Ist ein Bericht ein Sachtext?	X	
2. Darf ich Bewertungen einfügen?		X
3. Darf ich ein Zitat wörtlich wiedergeben, wenn es dem Verständnis dient? (aber nur dann!)	X	
4. Darf ich die Reihenfolge meiner Ausführungen selbst bestimmen?		X
5. Darf ich das Imperfekt benutzen, wenn ich über Vergangenes informiere?	X	

Es sind maximal 5 Punkte zu erreichen.

Aufgabe 3 (Seite 44)

	Ja	Nein
1. Ist eine Beschreibung ein Sachtext?	X	
2. Darf ich meine Meinung einfließen lassen?		X
3. Darf ich etwas erklären, damit man es besser versteht?		X
4. Darf ich die Reihenfolge meiner Ausführungen selbst bestimmen?	X	
5. Darf ich das Imperfekt benutzen, wenn ich über Vergangenes informiere?	X	

Es sind maximal 5 Punkte zu erreichen.

5.1 Ballade

Übung 1 (Seite 47) (vgl. auch Kapitel 4.1)

Inhaltsangabe der Ballade:
Zwei französische Soldaten erfahren nach ihrer russischen Gefangenschaft von der Niederlage Napoleons, die sie zutiefst beklagen. Der eine beschließt, nach Hause zu gehen, da seine Familie ihn brauche. Der andere möchte sich weiter für sein Vaterland einsetzen und bittet, nach seinem Tod in seine Heimat überführt zu werden, wo er im Grab kampfbereit auf die Verteidigung seines Kaisers warten möchte.

Übung 2 (Seite 47)

Zunächst ist die Stimmung bei beiden Soldaten sehr niedergeschlagen (bis Z. 14). Danach aber wendet sie sich (vgl. Z. 15 „doch"). Die Stimmung bei dem einen Soldaten wird gelassen und ruhig (Z. 15, 16). Bei dem anderen Soldaten wird sie dagegen aufgeregt und fast euphorisch (Z. 17–36).

Übung 3 (Seite 47)

Beide Soldaten sind dem Vaterland eng verbunden (Z. 4, 9–14) und reagieren sehr sensibel auf die Nachricht von der Niederlage (Z. 9).
Danach aber wird ihr unterschiedlicher Charakter deutlich: Der eine Soldat ist sich der Verantwortung seiner Familie gegenüber bewusst (Z. 15, 16); an den Fortgang des Krieges denkt er nach Zeile 14 nicht mehr. Dem anderen Soldaten ist die Familie in keiner Weise wichtig (Z. 17 und 18). Sein Interesse gilt ausschließlich dem Vaterland, für das er mit vollem Einsatz bereitstehen möchte (Z. 20–36).

Übung 4 (Seite 47)

Schlüsselwörter für den Verantwortungsbereich Familie:
Weib und Kind (Z. 15, 17)
verderben (Z. 16)
betteln (Z. 19)

Die Familie wird als schutzbedürftig dargestellt.

Schlüsselwörter für den Verantwortungsbereich Vaterland:
Ehrenkreuz (Z. 25)
Flinte (Z. 27)
Degen (Z. 28)
Schildwach' (Z. 30)
Kanonengebrüll (Z. 31)
schützen (Z. 36)

Die Verteidigungsbereitschaft wird als etwas Selbstverständliches dargestellt.

Übung 5 (Seite 47)

Natürlich gibt es keine ganz sichere Antwort auf diese Frage. Aber zwei Indizien sprechen dafür, dass Heine mehr auf der Seite des ersten Soldaten steht. Sonst hätte er wohl kaum dem anderen Soldaten die abfälligen Bemerkungen über seine Verantwortung gegenüber seiner Familie (Z. 17–20) in den Mund gelegt. Heine stellt die Sorgen der noch lebenden Familie in zwei Zeilen (Z. 15, 16) dar, während er dem Schicksal des gefangenen, fernen Kaisers 20 Zeilen Raum gibt. Diese ironische Gegenüberstellung zeigt Heines deutliche Kritik an einem übertriebenen Einsatz für das schon besiegte Vaterland, im Gegensatz zur Geringschätzung privater Bindungen.

5.2 Kurzgeschichte

Übung 1 (Seite 49)

Der Satz ist sinngemäß so zu ergänzen:
Wenn in einer Geschichte die Einleitung fehlt, muss der Leser von Anfang an *mitdenken* und ist damit sofort in das Geschehen der Geschichte *aktiv einbezogen*.

Übung 2 (Seite 49)

Der Satz ist sinngemäß so zu ergänzen:
Wenn in einer Geschichte der abrundende Schluss fehlt, wird der Leser vermutlich neugierig: Wie mag es wohl ausgehen? Dies wird ihn auch dazu anregen weiterzudenken. Kurzgeschichten beziehen also den Leser in die Handlung ein.

Übung 3 (Seite 49)

Wichtige Merkmale der Ich-Erzählerin sind:
- Sie liest gern. (Z. 8–10, 12, 19)
- Sie kennt sich im Geschehen rund um die Leipziger Buchmesse aus, sonst wüsste sie nicht, wann Autorenlesungen stattfinden. (Z. 1–7)
- Sie ist zielstrebig; sie muss es sich genau überlegt haben, wie sie an ein Autogramm kommt. (Z. 8–11)
- Sie ist aufmerksam; denn sie beobachtet die Autorin sehr genau. (Z. 1–7, 16–18, 21, 22)
- Sie ist besonnen; denn sie überlegt sich, wie wichtig ihr eigentlich das Autogramm ist. (Z. 19, 20)

Übung 4 (Seite 49)

Das Mädchen sieht offensichtlich in dem *roten Schreibblock* das Symbol einer Schriftstellerin. Vielleicht meint sie, dass Schriftsteller immer ein Notizblatt bei sich haben, auf dem sie jederzeit ihre Gedanken notieren können. *(Da der Text zu dieser Frage keine Verstehenshilfe gibt, bleibt diese Deutung eine Vermutung.)*

Übung 5 (Seite 49)

Der innere Monolog spielt sich unsichtbar im Bewusstsein des Mädchens ab.
Die Handlung vor dem Vortragssaal spielt sich in der sichtbaren Realität ab.

5.3 Reportage

Übungen 1–5 (Seite 51)

Leipziger Buchmesse aktuell: Autorenlesung mit Hindernis

Hier meldet sich das Dritte Hörfunkprogramm. Wir befinden uns im großen Vortragssaal der Leipziger Buchmesse. Der Raum ist bis auf den letzten Platz gefüllt. Die meisten Zuhörer sind Schüler der Mittelstufe, die in Gruppen mit ihren Deutschlehrern gekommen sind. Bestimmt haben sie die letzte Neuerscheinung der Autorin im Unterricht gelesen und sollen sie nun leibhaftig zu Gesicht und zu Gehör bekommen.

Noch herrscht Pausenstimmung im Saal. Alle tuscheln, plaudern oder lachen. Hier fällt eine Tasche um, und dort schaltet jemand sein Handy aus. Jetzt wird es still. Eine Dame kommt durch einen Seiteneingang auf die Bühne. Sie verbeugt sich zum Publikum hin. Die ist aber charmant! Sie lächelt freundlich, und man merkt, dass dies nicht ihre erste Lesung ist. Souverän nimmt sie an einem kleinen Tisch Platz und greift in ihre Tasche. Aber – nanu? Sie stutzt. Wirklich, sie wirkt jetzt ein wenig irritiert. Sie greift tiefer in die Tasche. Mein Gott, es wird immer wahrscheinlicher… Nun ist es eindeutig: Sie hat ihr Manuskript vergessen.

Ist das peinlich! Da lädt eine bekannte Jugendbuchautorin zu einer öffentliche Lesung ein – und vergisst ihren Text! Meine Damen und Herren, möchten Sie in ihrer Haut stecken?

Im Saal bleibt es ruhig; aber man spürt, alle fiebern mit. Zieht sie gleich das Manuskript heraus? Da pfeift jemand. Ein anderer ruft etwas in den Raum. Das kann ja heiter werden! Meine Damen und Herren, Sie hören es im Hintergrund: Es herrscht wieder Pausenstimmung, diesmal aber etwas unruhiger.

Doch was ist das? In der vorletzten Reihe erhebt sich ein Herr und geht langsam zur Bühne. Sie schaut erleichtert auf, als er ihr lächelnd einen Text auf den Tisch legt. Das war aber Hilfe in letzter Minute!

Im Saal wird es wieder still, und die Lesung beginnt, als sei nichts geschehen …

Übung 6 (Seite 51)

Die Satzzeichen Ausrufezeichen und Fragezeichen in Zeile 9, 11, 14, 18, 19, 21 und 23 zeigen an, dass der Reporter an dem Geschehen interessiert und beteiligt ist.

Abschlusstest

Aufgabe 1 (Seite 52)

	Ja	Nein
1. Ist Interpretieren dasselbe wie das Deuten eines Textes?	X	
2. Gibt es ein festes Schema zum Interpretieren von Texten?		X
3. Hat eine Ballade lyrische Elemente?	X	
4. Hat eine Ballade epische Elemente?	X	
5. Hat eine Ballade (meist) dramatische Elemente?		X

Es sind maximal 5 Punkte zu erreichen.

Aufgabe 2 (Seite 52)

	Ja	Nein
1. Muss eine Kurzgeschichte immer kurz sein?	X	
2. Ist eine Kurzgeschichte eine Erzählung?	X	
3. Enthält eine Kurzgeschichte meist eine Einleitung?		X
4. Enthält eine Kurzgeschichte meist einen Schluss?		X
5. Handeln Kurzgeschichten überwiegend von besonderen Menschen?		X

Es sind maximal 5 Punkte zu erreichen.

Aufgabe 3 (Seite 52)

	Ja	Nein
1. Ist eine Reportage eine Sonderform des Berichts?	X	
2. Müssen in einer Reportage alle Tatsachen stimmen?	X	
3. Darf ein Reporter auch Einzelheiten mitteilen?	X	
4. Darf ein Reporter seine persönliche Meinung einfließen lassen?	X	
5. Sind Zitate verboten?		X

Es sind maximal 5 Punkte zu erreichen.

6.1 Texte umdichten

Übung 1 (Seite 55)

1. Das Volksmärchen stellt die Welt so dar:
   Das Leben ist zwar manchmal hart, aber die Welt ist letztlich doch eine schöne Welt, weil sie Probleme auf wunderbare Weise löst.
2. Büchners Märchen (das man auch als ein „Anti-Märchen" bezeichnen könnte) stellt die Welt so dar:
   Das Leben ist hart, und die Welt ist grausam und ohne Hoffnung.
3. Im Vergleich mit der heilen Welt des bekannten Volksmärchens wirkt die von Büchner dargestellte Welt noch grausamer.

Übung 2 (Seite 55)

Die Fabel könnte so umgedichtet werden:

Ein Rabe hatte ein Stück Fleisch gestohlen und saß auf einem Baume. Der Fuchs sah ihn, und weil er sich das Fleisch aneignen wollte, lief er herbei und lobte den Raben. Er sei stattlich und schön, sagte er, und müsse deshalb König der Vögel werden und das würde durchaus auch geschehen, wenn er eine Stimme hätte. Der Rabe aber durchschaute die List des Fuchses, blieb gemütlich auf seinem Baum sitzen und ließ sich sein gestohlenes Fleisch schmecken.

6.2 Perspektive ändern

Übung 1 (Seite 57)

Die grünen Passagen kennzeichnen die persönlichen Gefühle und Gedanken von Fanny Caspers, die Goethe nicht hat wissen können:

Ach ja, es ist schon lange her: Es war nach einer Theateraufführung, und wir feierten hinterher im Stadthaus-Restaurant. Ich saß neben Dirktor Goethe. Schiller und die anderen waren auch dabei. Es war ein lustiger Abend. Und plötzlich hat es mich gepackt. Aus heiterem Himmel fiel ich meinem Direktor um den Hals. Er war sehr erstaunt – ich übrigens auch, weil es einfach so über mich gekommen war. Da lag ich nun an seinem Hals, und plötzlich küssten wir uns heftig. Aber so aufregend es war, es war mir aber doch peinlich. Ich glitt aus seiner Umarmung, entwand mich ihm und husch – weg war ich!

Übung 2 (Seite 58)

So könnte ein allwissender Erzähler über die Ereignisse Auskunft geben:

Heute gab es in Weimar im Hause Goethe große Aufregung. Um halb sieben brannte die Esse bei Landkammerrath Rühlemann, und die Schläge der Feuerglocken tönten laut und schnell über die Stadt. August schreckte im Schlaf auf und wollte aus dem Bett springen. Dann aber beruhigte er sich und dachte: Das ist wohl nur das normale Schlagen der Uhr, und legte sich wieder in die warmen Kissen. Plötzlich aber durchzuckte es ihn: War da nicht irgend etwas anders als sonst? Waren die Schläge immer so schnell? Nun sprang er doch aus dem Bett. In diesem Augenblick stürzte auch schon die Köchin herein und rief: „August! August! Schnell aufstehen! Es brennt bei Rühlemanns!" Hastig rannte August an ihr vorbei zu seiner Mutter, die völlig aufgelöst am Stubenfenster stand: „Gut, dass du da bist!" Und sie wies auf die Rauchwolken in der Ferne. „Schau, August, was da hinten ist!", und legte schützend die Hand auf seine Schulter: „Gerade jetzt, wo der Vater in Jena ist! Hoffentlich greift das Feuer nicht auf andere Häuser über", seufzte sie. Da klopfte es an die Haustür, und der Hausdiener kam atemlos keuchend die Treppe herauf und rief: „Gott sei Dank, der Brand ist schon gelöscht!"

Übung 3 (Seite 59)

So könnte der Text aus der Ich-Perspektive der Herzogin lauten:

Wenn der Teich im Baumgarten zugefroren ist, trifft sich eine Gruppe aus der Weimarer Hofgesellschaft dort zum Schlittschuhlaufen. Auch einige verdiente Bürger dürfen dabei sein. Rittmeister v. Lichtenberg ist ein guter Läufer. Goethe ist auch nicht schlecht; er kann schon seit Frankfurt Schlittschuh laufen. Mein Mann fuhr eine Zeit lang fast täglich. Wie gut, dass ich mich durchaus sehen lassen kann; denn als Herzogin steht man ja immer im Rampenlicht.

6.3 Textart wechseln

Übung 1 (Seite 60)

Übung 1 aus Kapitel 6.2 könnte auch eine Übung für dieses Kapitel sein, denn Fanny Caspers erinnert sich nicht in Form eines Gedichts (wie Goethe), sondern wählt eine andere Textart, eine schlichte Erzählung.

Übung 2 (Seite 60)

Die Umsetzung von Augusts Brief in eine kleine Theaterszene weist einen Fehler im Handlungsablauf auf: Im Originaltext stutzt August (nach der ersten Beruhigung), weil die Schläge so schnell hintereinanderkommen. Er wird unsicher. DANACH erst kommt die Köchin in das Zimmer.

Übung 3 (Seite 61)

Obwohl die Original-Erzählung schon recht sachlich geschrieben ist, enthält sie an einer Stelle eine persönliche Bemerkung, die man versachlichen muss, etwa so:

Die Knaben liefen in voller Schlittschuhfahrt über das Eis, spießten unterwegs mit bloßen Degenspitzen Äpfel auf und sprangen über Stangen. Dabei ließen sie sich mit Reitpeitschen und ungefährlichen Pistolen antreiben, was ihnen offensichtlich sehr gefiel.

Abschlusstest

Aufgabe 1 (Seite 62)

	Ja	Nein
1. Sind viele Themen der Weltliteratur zu allen Zeiten aktuell?	X	
2. Gibt es bekannte Umdichtungen der Weltliteratur?	X	
3. Müssen Original und Umdichtung dieselbe Aussage haben?		X
4. Ist das Verfilmen eines Romans auch eine Umdichtung?	X	
5. Werden beim Umdichten oft eigene Gedanken in die Textvorlage eingebaut?	X	

Es sind maximal 5 Punkte zu erreichen.

Aufgabe 2 (Seite 62)

	Ja	Nein
1. Ist ein Standortwechsel dasselbe wie ein Wechsel der Erzählperspektive?	X	
2. Darf man beim Wechsel der Erzählperspektive den Handlungsverlauf ändern?		X
3. Darf man den Charakter der Figuren ändern?		X
4. Darf man etwas hinzufügen, wenn man ein Ich-Erzähler wird?	X	
5. Darf man etwas hinzufügen, wenn man ein allwissender Erzähler wird?	X	

Es sind maximal 5 Punkte zu erreichen.

Aufgabe 3 (Seite 62)

	Ja	Nein
1. Darf man beim Wechsel der Textart den Handlungsverlauf ändern?		X
2. Darf man beim Wechsel der Textart den Charakter der Figuren ändern?		X
3. Geben die meisten Gedichte Einblicke in das Fühlen und Denken des lyrischen Ichs?	X	
4. Erzählen epische Texte immer eine Geschichte?	X	
5. Ist ein Dialog ein Gespräch mit Rede und Gegenrede?	X	

Es sind maximal 5 Punkte zu erreichen.

7.1 Faustregeln

Übung 1 (Seite 65)

Faustregel 1: Grundform gesucht!
Der Matrose winkt. — Infinitiv winken
Der Sturm zwingt die Passagiere, unter Deck zu bleiben. — Infinitiv zwingen

Faustregel 2: Abgucken erlaubt!
Der Kapitän braucht gute Navigationskenntnisse. — Abgucken von kennen
Im Hamburger Hafen gibt es nachweislich viele Container. — Abgucken von nachweisen

Faustregel 3: Nachdenken erwünscht!
Vor Urzeiten war hier noch Wasser. — Wortbaustein: Vorsibe **ur-**
Ebbe und Flut sind pünktlich wie die Uhrzeiten. — Wortbaustein: Wortsinn **Uhr**

Faustregel 4: Verlängern empfohlen!
Mein Freund riet mir zu einer Hafenrundfahrt. — Verlängerung: (sie) rieten
Die Barkasse vermied es, zu weit auf die Elbe zu fahren. — Verlängerung: (sie) vermieden

Übung 2 (Seite 65)

d oder t ?	Sein Entschluss steht fest.	(Nachdenken erwünscht: Vorsilbe ent-)
	Wusstest du schon Bescheid?	(Verlängern empfohlen: des Bescheides)
b oder p ?	Sie baten um Erlaubnis.	(Abgucken erlaubt von erlauben)
	Das Holz trieb an Land.	(Verlängern empfohlen: trieben)
s oder ss ?	Der Wind bläst stark.	(Grundform gesucht! Infinitiv blasen)
	Du musst sehr aufpassen.	(Grundform gesucht! Infinitiv müssen)
äu oder eu ?	Die Kabine ist sehr geräumig.	(Abgucken erlaubt von Raum.)
	Die Schiffsglocke läutet.	(Abgucken erlaubt von laut.)

Übung 3 (Seite 65)

Wenn du die Wörter laut aussprichst, hörst du, wie man sie schreibt. Eine fünfte Regel könnte also lauten:
– Sprich sorgfältig!
– Hör gut hin!

7.2 Groß- und Kleinschreibung

Übung 1 (Seite 66)

Die Wörter lassen sich zu folgenden Verbindungen von Substantiv und Verb zusammenfügen:

Folge leisten
Schlange stehen
Fuß fassen
Schatten spenden
Not leiden
Rätsel raten
Tennis spielen

Übung 2 (Seite 66)

Die Rechtschreibregel für die ungewöhnliche Schreibweise der Wörter könnte so lauten:

Substantive und Verben werden als untrennbare Einheit klein- und zusammengeschrieben, wenn das Substantiv so verblasst ist, dass es hier keine eigenständige Bedeutung mehr hat.

Übung 3 (Seite 67)

Wenn deine Freunde dir erzählten, man könne zu Fuß unter der Elbe hindurchwandern, haben sie recht? *(Man könnte hier auch kleinschreiben: recht)* Jeder weiß zwar, dass man die Elbe in einem Autobahntunnel unterqueren kann, der oft schuld daran ist, dass man auf dem Weg an die See im Stau nervös wird. *(Kleinschreibung wegen des Hilfsverbs „sein")* Aber niemand darf dort zu Fuß gehen; es würde ihm auch angst und bange werden angesichts des brausenden Verkehrs und der Abgase um ihn herum. *(Kleinschreibung wegen des Hilfsverbs „werden")* Dennoch haben deine Freunde recht. *(Formal ist das letzte Wort zwar richtig geschrieben, vgl. Anmerkung zum ersten Satz; aber es ist inkonsequent, ein Wort innerhalb eines Texte unterschiedlich zu schreiben.)* Es gibt nämlich einen alten Elbtunnel, durch den man gemütlich gehen kann, wenn das Erlebnis einem wert ist, 448 m zu Fuß zu gehen. *(Kleinschreibung wegen des Hilfsverbs „sein")*

Übung 4 (Seite 67)

Das Ungewöhnliche an Hamburg ist der Hafengeburtstag. Besonders gelungen ist es, wenn das Blau des Himmels die prächtige Kulisse in ein warmes Licht taucht. Windjammer, Dampfschiffe und Kutter bieten herrliche Eindrücke, die auch für Landratten etwas Besonderes sind. Am meisten werden die großen Segelschiffe von den Zuschauern bewundert.

Der letzte Satz ist ein Kuckucksei: Es handelt sich nicht um eine Substantivierung eines Adjektivs, sondern um die Steigerung eines Adjektivs: *viel – mehr – am meisten.*

Übung 5 (Seite 68)

Das Adjektiv *falschen* wird in diesem Satz weiterhin kleingeschrieben, da man in Gedanken das bereits erwähnte Substantiv ergänzen kann. Vom Sinn her bleibt es also ein Adjektiv und wird nicht substantiviert.

Übung 6 (Seite 68)

	Normalfall: Großschreibung der Adjektive	**Ausnahmefall: Kleinschreibung der Adjektive**
Seit Langem feiern die Hamburger den Geburtstag ihres Hafens.	X oder	X
Besucher von nah und fern kommen dann in die Hansestadt.		X
Auch wenn manchmal Hamburger „Schmuddelwetter" ist, sind die Zuschauer im Allgemeinen sehr begeistert.	X	
Das liegt im Wesentlichen an den zahlreichen Großseglern, die man schon von Weitem sieht.	X X	 X
Dies ist nicht im Geringsten ein alltäglicher Anblick.	X	

Übung 7 (Seite 69)

Viele Hamburger finden sich abends,
um ein wenig zu träumen,
am Ufer der Elbe ein.

Ihnen gefällt auch die Stimmung
wenn sie durch die Alsterfleete fahren.

Weil die Boote sacht schaukeln,
ist so eine Fahrt sehr beruhigend.

Viele Hamburger finden sich abends
zum Träumen
am Ufer der Elbe ein.

Ihnen gefällt auch die Stimmung
beim Fahren durch die Alsterfleete.

Durch das sachte Schaukeln der Boote
ist so eine Fahrt sehr beruhigend.

Übung 8 (Seite 69)

1. Wenn man ein wenig Zeit hat, lohnt es sehr, das Hamburger Container-Terminal zu besuchen.
   → Verb mit Infinitiv
2. Das Entladen der riesigen Container ist eine technisch-logistische Höchstleistung.
   → Substantivierung des Adjektivs durch Artikel
3. Beim Durchführen zahlreicher Arbeitsschritte läuft alles automatisch ab, ohne dass ein Mensch anwesend ist, um die Prozesse zu steuern.
   → Verb mit Präposition, Verb mit Infinitiv
4. Natürlich ist das Betreten des gesamten Areals für Unbefugte verboten.
   → Substantivierung des Verbs durch Artikel
5. Aber auch aus der Ferne ist es faszinierend, den Organisationsablauf zu verfolgen.
   → Verb mit Infinitiv

7.3 Zusammen- und Getrenntschreibung

Übung 1 (Seite 70)

Wenn man eine Stadt kennen lernen/kennenlernen möchte, muss man sich Zeit nehmen.
Bei den beiden Verben handelt es sich um einen Sonderfall, bei dem man die Schreibweise selbst bestimmen kann.
Man darf sich ruhig ein wenig treiben lassen/treibenlassen, wenn man spazieren geht.
Bei der ersten Verb-Verb-Verbindung (treiben lassen/treibenlassen) kann man wieder die Schreibweise selbst bestimmen, da das zweite Verb lassen lautet und beide Verben zu einem einzigen Begriff verschmolzen sind (passiv bleiben). Die Schreibweise von spazieren gehen ist nur getrennt möglich.
Dann kann man alles besser auf sich wirken lassen.
Auch hier ist nur die Getrenntschreibung der beiden Verben möglich, da beide als einzelne Begriffe verwendet werden.
Manchmal möchte man einfach auf einer Bank sitzen bleiben und alles beobachten.
Auch hier ist nur die Getrenntschreibung der beiden Verben möglich, da beide als einzelne Begriffe verwendet werden. Die Zusammenschreibung sitzenbleiben hätte einen anderen Sinn: nicht versetzt werden.
In Hamburg gibt es dazu am Jungfernstieg manche Gelegenheit, wenn man die Binnenalster schätzen gelernt hat.
Auch hier ist wieder nur die Getrenntschreibung möglich.

Übung 2 (Seite 71)

bieten lassen/bietenlassen	–	ertragen
fallen lassen/fallenlassen	–	aufgeben
wissen lassen/wissenlassen	–	jemandem etwas mitteilen
laufen lassen/laufenlassen	–	freilassen

Übung 3 (Seite 71)

hungrig macht – zwei Wörter, da das Adjektiv von *Hunger* abgeleitet ist, also nicht einfach ist
langsam bummelten – zwei Wörter, da es sich um ein einfaches Adjektiv handelt
Beide Schreibweisen sind möglich bei den Wörtern blankpoliert/blank poliert und leergegessen/leer gegessen.

Abschlusstest

Aufgabe 1 (Seite 72)

Die Schiffswände knirschen.
Die Schwimmwesten liegen bereit.
Der Leuchttum steht nicht weit entfernt,
Die Sonne sinkt.
Das kleine Lämpchen brennt.

Nützliche Faustregel:
Grundform gesucht! (Nom. Sg. *Wand*)
Verlängerung empfohlen! (*die bereiten*)
Nachdenken erwünscht! (Vorsilbe *ent-*)
Grundform gesucht! (Infinitiv *sinken*)
Abgucken erlaubt! (verwandtes Wort *Lampe*)

Es sind maximal 5 Punkte zu erreichen.

Aufgabe 2 (Seite 72)

leid sein	Substantiv in fester Verbindung mit Hilfsverb sein
alles Gute	Substantiv nach unbestimmtem Zahlwort
jeder Dritte	Substantiv nach Pronomen
zum Spielen	Verb nach Präposition
zu springen	Infinitiv mit zu

Es sind maximal 5 Punkte zu erreichen.

Aufgabe 3 (Seite 72)

Er hat mich hängen lassen/hängenlassen.
Beide Schreibweisen sind richtig, da es sich um eine Wortverbindung mit lassen handelt, bei der man die Schreibweise wählen kann, wenn ein neuer Begriff entstanden ist im Sinne von im Stich lassen.
Sie hat sich gehen lassen/gehenlassen.
Auch in diesem Satz sind beide Schreibweisen zulässig, da es sich wieder um eine Wortverbingung mit lassen handelt, bei der ein neuer Begriff entstanden ist im Sinne von sich vernachlässigen.
Wir sind schwimmen gegangen.
Hier liegt die normale Getrenntschreibung von zwei Verben vor.
Man müsste das Essen noch einmal warm stellen/warmstellen.
Beide Schreibweisen sind erlaubt, da es sich um ein einfaches Adjektiv handelt, das außerdem das Ergebnis des Verbs ausdrückt.
Jetzt habe ich das Essen zu warm gemacht.
Hier ist nur die Getrenntschreibung erlaubt, da das Adjektiv durch den Zusatz zu erweitert ist.

Es sind maximal 5 Punkte zu erreichen.

8.1 Satzglieder

Übung 1 (Seite 74)

Folgende Wörter sind unterstrichen:
Berlin – die Spaziergänger – sie – Die Übrigen – die Stadt
Alle unterstrichenen Substantive stehen im Nominativ. Man findet sie mit der Frage: Wer oder was?

Übung 2 (Seite 75)

Vollverb	Hilfsverb mit Adjektiv	Hilfsverb mit Substantiv
kennen	sind bekannt	sind Weltmeister
macht	sind stolz	war Galgenhumor

Übung 3 (Seite 76)

Genitivobjekt	Dativobjekt	Akkusativobjekt
einer näheren Erklärung	vielen Gebäuden	einen besonderen Namen
der lustigen Namen	einem Kongresssaal	den Funkturm

Übung 4 (Seite 77)

In Satz 1 steht eine adv. Best. des Ortes (lokale adv. Best.): *in Berlin*
In Satz 2 steht eine adv. Best. der Zeit (temporale adv. Best.): *oft*
In Satz 3 steht eine adv. Best. des Grundes (kausale adv. Best.): *wegen der schönen Aussicht*
In Satz 4 steht eine adv. Best. des Zwecks (finale adv. Best.): *zum Verweilen*
In Satz 5 steht eine adv. Best. der Art und Weise (modale adv. Best.): *gern*

Übung 5 (Seite 78)

	Frage	Satzglied
Viele Schulklassen	Wer oder was?	Subjekt
machen	Was wird über das Subjekt ausgesagt?	Prädikat
eine Klassenfahrt	Wen oder was?	Akkusativobjekt
nach Berlin.	Wohin?	adv. Best. des Ortes
Bei guter Vorbereitung	Unter welcher Bedingung?	adv. Best. der Bedingung
erlebt	Was wird über das Subjekt ausgesagt?	Prädikat
man	Wer oder was?	Subjekt
viel Interessantes.	Wen oder was?	Akkusativobjekt

Übung 6 (Seite 78)

Der Strich zwischen der adverbialen Bestimmung der Zeit (lebenslang) und dem Objekt (seine Stadt) ist falsch gezogen. Adverbiale Bestimmungen erläutern das Prädikat; sie sind also logisch auf das Prädikat bezogen (und nicht auf das Objekt).
Die übrigen Striche sind richtig gezogen: vom Subjekt auf das Prädikat und vom Prädikat auf das Objekt.

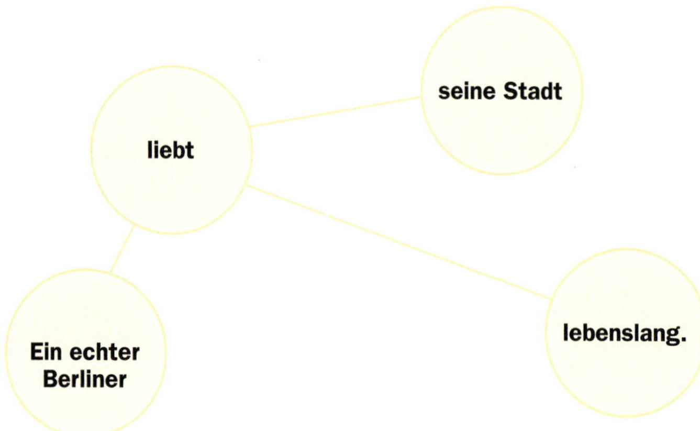

8.2 Aktiv und Passiv

Übung 1 (Seite 81)

	Verb im Aktiv	Verb im Passiv
Hand aufs Herz: Wenn du eine Stadt nennen solltest,	X	
auf deren Stadtgebiet du am Strand liegen kannst,	X	
wäre dir wohl kaum Berlin eingefallen.	X	
Es stimmt aber:	X	
Mitten in Berlin wird im Wannsee gebadet,		X
und man kann am Strand in der Sonne liegen.	X	
Dort wird auf weichem Sand Beachball gespielt		X
und Strandkörbe werden zur Sonne ausgerichtet.		X

Übung 2 (Seite 81)

Die zahlreichen Seen in und um Berlin werden von vielen Erholungssuchenden geliebt. Von Havel und Spree wird ein verzweigtes Wassernetz gebildet. Von Ausflugsdampfern werden weite Reisen angeboten. Mit Paddelbooten können auch idyllische Buchten erreicht werden. Viele Ufer werden von Buchen und Kiefern gesäumt.

Die Akkusativobjekte der Aktiv-Sätze werden durch die Umformung zu Subjekten der Passiv-Sätze:

Die zahlreichen Seen in und um Berlin werden von vielen Erholungssuchenden geliebt. Von Havel und Spree wird ein verzweigtes Wassernetz gebildet. Von Ausflugsdampfern werden weite Reisen angeboten. Mit Paddelbooten können auch idyllische Buchten erreicht werden. Viele Ufer werden von Buchen und Kiefern gesäumt.

Übung 3 (Seite 81)

Der Text enthält drei Sätze mit Verbformen im Passiv:
- wird … gepriesen
- wurde … geplant und gestaltet
- wird … versetzt

Der letzte Satz enthält eine Verbform im Aktiv: Das Tempus *wird … vergessen* ist eine Futur-Form, keine Passiv-Form!

8.3 Konjunktiv

Übung 1 (Seite 82)

Die Berliner sagen, bei ihnen tobe der Bär. Damit meinen sie, bei ihnen sei immer etwas los. Auch Besucher bestätigen, jeder finde etwas Passendes für sich: ob Flohmarkt oder Fernsehturm, ob Planetarium, Olympiastadion, ob Gruselkabinett oder Karneval der Kulturen.
Wer einmal dort war, wird denen zustimmen, die sagen, in dieser Stadt könne sich einfach niemand langweilen. Es ist also keine Übertreibung, wenn es heißt, diese Stadt schlafe nie.

Übung 2 (Seite 83)

Wenn unsere Klasse einmal nach Berlin führe, gingen wir bestimmt zum Brandenburger Tor.
Wir sähen uns dann auch die Reste der Mauer an, die diese Stadt lange Zeit geteilt hat.
Auch das Reichstagsgebäude würden wir besuchen, nicht nur, weil es eine aufregende Kuppel hat, sondern auch weil es das politische Zentrum Deutschlands ist.

Achtung! Auch bei dieser Übung wurde die normale Verbform des letzten Satzes ersetzt. Da der Konjunktiv II identisch wäre mit dem Indikativ Imperfekt (besuchten), wurde er ersetzt durch die Umschreibung mit „würde".

Abschlusstest

Aufgabe 1 (Seite 84)

	Satzglied:
Ein Ägyptologe	Subjekt – Frage: Wer oder was?
erklärt	Prädikat – Frage: Was wird von dem Subjekt ausgesagt?
den Museumsbesuchern	Dativ-Objekt – Frage: Wem?
ausführlich	adv. Best. der Art und Weise – Frage: Auf welche Art und Weise?
die Porträtbüste der Nofretete.	Akkusativ-Objekt – Frage: Wen oder was?

Es sind maximal 5 Punkte zu erreichen.

Aufgabe 2 (Seite 84)

In den 170 Berliner Museen werden Objekte aus der ganzen Welt gezeigt.
Dort können originale Häuser aus Neuguinea bestaunt werden.
Einige der großen Bauten in den Museen wurden einst von den Babyloniern errichtet.
Auch bedeutende Kunstwerke der Indianer können bewundert werden.
Übrigens: Von den meisten Museen werden fachkundige Führungen für Jugendliche angeboten.

Es sind maximal 5 Punkte zu erreichen.

Aufgabe 3 (Seite 84)

	Konj. I	Konj. II
Museen könnte man als das Gedächtnis der Welt bezeichnen.		X
Dort ließe sich viel über andere Länder und Völker lernen.		X
Mein Freund erzählte mir neulich, in fast jeder größeren Stadt gebe es Museen,	X	
man müsse sich nur einmal informieren	X	
und brauche nur hinzugehen.	X	

Es sind maximal 5 Punkte zu erreichen.

9.1 Satzreihe, Satzgefüge

Übung 1 (Seite 86)

1. Nürnberg ist eine moderne Großstadt(,) und doch wirkt sie in manchen Vierteln wie eine mittelalterliche Kleinstadt.
2. Viele Häuser und Plätze erinnern an früher, sie erzählen von einer großen Vergangenheit.
3. Im Mittelalter war Nürnberg eine wichtige Reichsstadt(,) beziehungsweise die Stadt war für Wirtschaft und Kultur ein bedeutsames Zentrum.
4. Heute kann der Besucher noch etwas davon ahnen, es zeigt sich überall.

Ein Komma muss stehen in Satz 2 und 4, es darf stehen in Satz 1 und 3.

Übung 2 (Seite 87)

Satz 1: und
Satz 3: beziehungsweise

Übung 3 (Seite 87)

Steht zwischen zwei Hauptsätzen eine Konjunktion, die einen *Gegensatz* ausdrückt, so muss ein Komma gesetzt werden. In den Beispielsätzen stehen die entgegenstellenden Konjunktionen „sondern“ und „aber“.

Übung 4 (Seite 87)

Es handelt sich hier nicht um Satzreihen, sondern jeweils um einen einzigen Hauptsatz.
Die Konjunktion „und“ nach dem falsch gesetzten Komma verbindet in Satz 1 zwei adverbiale Bestimmungen und in Satz 2 und 3 zwei Prädikate.

Übung 5 (Seite 88)

Folgende Konjunktionen sind zu unterstreichen:
Satz 1: weil – Adverbialsatz des Grundes
Satz 2: damit – Adverbialsatz des Zwecks
Satz 3: obwohl – Adverbialsatz der Zugeständnisses

Übung 6 (Seite 89)

Der Zweite Weltkrieg hat, als die Bomben auf die Stadt fielen, erhebliche Zerstörungen in Nürnberg angerichtet. Man hat jedoch, nachdem das Notwendigste für die Bevölkerung getan war, nach dem Krieg zahlreiche Gebäude wiederhergestellt. Dabei wurde vieles, weil es so einmalig war, mit großer Sorgfalt restauriert und rekonstruiert. Auch die drei großen gotischen Kirchen (St. Lorenz, St. Sebald und die Frauenkirche) sehen heute so aus, als ob sie unversehrt die Jahrhunderte überstanden hätten.

Übung 7 (Seite 89)

Das Wort, das den Gliedsatz einleitet, gehört zur Wortart der Relativpronomen.

9.2 Infinitivgruppen

Übung 1 (Seite 90)

	Die Infinitivgruppe wird eingeleitet durch das Wörtchen:
In Nürnberg kann man noch eine richtige Burg kennenlernen, ohne Angst vor Raubrittern und Falltüren haben zu müssen.	ohne
Kaisern und Königen blieb früher nichts anderes übrig, als in gewissen Abständen von Burg zu Burg zu reiten.	als
Sie mussten sich durch eigene Anschauung informieren, um die Berichte der Kuriere überprüfen zu können.	um
Oft wurde die prachtvolle Nürnberger Kaiserburg auch gewählt, um Reichstage, Hoftage und Gerichtstage abzuhalten.	um

Übung 2 (Seite 91)

Der Wunsch, die Stadt einmal von oben zu betrachten, veranlasst viele Besucher zur Besteigung des 385 m hohen Bergfrieds. Andere lockt die Chance, einmal in das unterirdische Kellerlabyrinth tief im Burgberg hinabsteigen zu dürfen. Früher boten riesige Felsengänge eine gute Gelegenheit, große Mengen Bier in richtiger Temperatur zu lagern. In Krieg und Notzeiten waren die unsichtbaren Räume aber auch ein Ort, Menschen zu schützen.

Übung 3 (Seite 91)

Wer würde sich nicht darüber freuen, außer einer richtigen Burg auch noch eine richtige Stadtmauer zu sehen.
Im Mittelalter war man vielerorts darum bemüht, seine Bürger mit Mauern, Türmen und Wehrgängen zu schützen.
In Nürnberg kann man seine Entdeckerfreude dazu einsetzen, etwas mehr über solche Stadtbefestigungen zu erfahren.

9.3 Aufzählung

Übung 1 (Seite 92–93)

1. Natürlich kennst du Namen wie Picasso, Rembrandt sowie Michelangelo.
2. Dies sind Namen aus fernen Zeiten und Ländern.
3. Viele Menschen wissen jedoch weder etwas über ihr Privatleben noch etwas über ihre Lebenszeit.
4. Anders könnte dies bei Albrecht Dürer werden: In Nürnberg erinnern nämlich viele Geschichten, Dokumente, Gemälde beziehungsweise Zeichnungen an den großen Künstler.
5. Sogar sein Wohnhaus kannst du besuchen oder dir von Dürers Frau Agnes alles virtuell erklären lassen.
6. Eine als Agnes verkleidete Schauspielerin plaudert dann sowohl über ihren Ehemann Albrecht als auch über ihre Mägde und die Lehrlinge des Künstlers.

Folgende Konjunktionen ersetzen jeweils ein Komma:

Satz 1: wie
Satz 2: und
Satz 3: weder – noch
Satz 4: beziehungsweise
Satz 5: oder
Satz 6: sowohl – als auch

Übung 2 (Seite 93)

Die Regeln haben deshalb so große Ähnlichkeit, weil es sich bei einer Satzreihe letztlich auch um eine Aufzählung von zwei Wortgruppen handelt.

Abschlusstest

Aufgabe 1 (Seite 94)

1. Wenn man etwas in ein Gefäß füllen möchte, benutzt man einen Trichter.
2. Weil das Verfahren praktisch ist, hat man davon den „Nürnberger Trichter" abgeleitet.
3. Natürlich ist das nur ein Fantasiegebilde(,) und noch niemand hat ihn hergestellt.
4. Dass wir uns beim Lernen den Stoff manchmal mechanisch „eintrichtern", ist nur eine bildhafte Umschreibung eines komplizierten Prozesses.
5. Erfolg hat man eben nur auf die eine Weise, der Kopf muss selbst tätig werden.

Es sind maximal 5 Punkte zu erreichen.

Aufgabe 2 (Seite 94)

1. Schön wäre der „Nürnberger Trichter" für das Lernen von Vokabeln, statt sie sich mühselig Wort für Wort einprägen zu müssen.
2. Und wie lange ist man damit beschäftig, ein Gedicht auswendig zu lernen.
3. Ob nicht doch jemand die Idee in die Tat umsetzt, diesen Trichter zu bauen?
4. Ohne lange zu werben, fände er sicherlich viele Interessenten.
5. Oder ist die Notwendigkeit, alles selbst lernen zu müssen, doch nicht so schlecht?

Es sind maximal 5 Punkte zu erreichen.

Aufgabe 3 (Seite 94)

1. In Mathe, Englisch, Bio, in allen Fächern ist Lernen angesagt.
2. Das ist so und bleibt auch so.
3. Sicher Gelerntes kann weder verloren gehen noch geraubt werden.
4. Oft kann es sehr nützlich sein oder uns einfach nur freuen.
5. Gelerntes ist eine fremde und zugleich vertraute Welt im Kopf.

Es sind maximal 5 Punkte zu erreichen.

Stichwortfinder

Bildnachweis

DigitalStock
Seite 5 © J. Schade; Seite 9 (oben) © T. Busch; Seite 11 © S. Brötzmann; Seite 14 © P. Lange; Seite 20 (rechts) © A. Trautmann; Seite 31 (Mitte) © B. Kutzera; Seite 31 (unten) © M. Krüttgen; Seite 41 © R. Träumer; Seite 48 © M. Berg; Seite 51 © H. Zengerling; Seite 59 © H. Hellwig; Seite 61 © M. Jakobi; Seite 63 © j. kling; Seite 80 (rechts) © K. Lukas; Seite 106 © S. Stark

PantherMedia
Seite 7 (links) © Peter Klette; Seite 7 (Mitte) © Michael Kupke; Seite 7 (rechts) © Volker Rauch; Seite 9 (unten) © Ortrun Busse; Seite 19 (rechts) © Markus Hoetzel; Seite 20 (links) © Max Baumann; Seite 22 (links) © Seta Ugurlu; Seite 23 (oben links) © Helga Walter; Seite 23 (oben rechts) © Carola Gaar; Seite 23 (unten links) © Heike Brauer; Seite 31 (oben) © Carmen Steiner; Seite 35 © Bernd Hentschel; Seite 42 (links) © Todd Arena; Seite 49 © Heika Halbauer; Seite 80 (links) © Michael Kempf; Seite 87 (unten links) © Claus Lenski; Seite 95 © Robert Kneschke

PIXELIO
Seite 18 © Hartmut 910; Seite 21 © skyrat; Seite 33 © chw; Seite 37 © Thomas Max Müller; Seite 47 © Jens Schöninger

PHOTOCASE
Seite 15 (oben rechts) © Hast du den Flow?; Seite 15 (oben links und unten rechts) © Bastografie; Seite 15 (unten links) © Jo.; Seite 26 (oben) © kalachakra; Seite 29 © lp-webdesign.de; Seite 54 (unten) © Muetzenmaedchen; Seite 74 © ty-ra; Seite 78 © toby'; Seite 82 © Nanduu; Seite 121 © JockScott

Shutterstock
Seite 19 (Mitte) © Yan ke; Seite 75 © Stephen Finn; Seite 84 © Mario Bruno; Seite 85 und Seite 89 (links) © OPIS; Seite 87 (oben) © Sean Nel; Seite 102 © Darryl MONTREUIL; Seite 110 © Florian ISPAS

www.fotolia.de
Seite 13 © Shadowrider; Seite 15 (Mitte rechts) © Digitalpress; Seite 17 © Manfred Steinbach; Seite 19 (links) © marvellousworld; Seite 22 (rechts) © Georgi Karamihaylov; Seite 23 (unten Mitte) © Lucky Dragon; Seite 23 (unten rechts) © Juergen Muehlig; Seite 25 © R. Gosch; Seite 28 © Piotr Ligeza; Seite 30 © Konstanze Gruber; Seite 39 © tobias_s; Seite 42 (rechts) © Falko Matte; Seite 43 (links) © Otto Durst; Seite 43 (rechts) © Ernst-P.; Seite 45 © Rena Müller; Seite 53 © Martina Berg; Seite 55 © Anne Dietschy; Seite 56 © Bernd Kröger; Seite 67 © uhotti; Seite 68 © Ralf Wierwille; Seite 70 © Matthias Krüttgen; Seite 73 © Eishier; Seite 76 (oben) © Michael Neuhauß; Seite 76 (unten) © Philipp Berief; Seite 83 © immodium; Seite 87 (unten rechts) © Manfred Rathmann; Seite 89 (rechts) © foto-fuchs; Seite 90 und Seite 92 © willi

Foto Seite 9 (Mitte) © **HöhenErlebnis-Zentrum/K. Johaentges**

Foto Seite 10 © **Skyrope**

Zusätzliche Übungen mit Lösungen zu jedem Kapitel findest du auf unserer online-Lern-Plattform www.gute-noten-in.de

Mit deinem Passwort für Deutsch, Klasse 7, kannst du dich ganz einfach kostenfrei einloggen und üben:

CvS61j